_____ 드림

하브루타
질문
놀이터

하브루타
질문
놀이터

초판 1쇄 발행 2017년 9월 13일
초판 2쇄 발행 2018년 4월 20일

지은이 권문정 · 채명희

발행인 장상진
발행처 (주)경향비피
등록번호 제 2012-000228호
등록일자 2012년 7월 2일

주소 서울시 영등포구 양평동 2가 37-1번지 동아프라임밸리 507-508호
전화 1644-5613 | **팩스** 02) 304-5613

© 권문정 · 채명희

ISBN 978-89-6952-195-8 04370
        978-89-6952-091-3(set)

가정, 교실, 일상생활에서 실천하는 유아 하브루타
유아기에 꼭 필요한 하브루타 HOW 사례 수록

하브루타 〈질문 놀이터〉

권문정·채명희 지음

경향BP

어린 시절 하브루타가
가장 중요하다

노벨상 수상자의 30%가 유대인이다. 그들은 과학, 의학, 법률, 언론, 경제, 예술 등 각 방면에서 뛰어난 능력을 발휘하고 있다. 유례를 찾아보기 힘든 만큼 가혹한 역사를 겪었음에도 그들은 생존하였고, 세계의 주류로 성장하였다.

도대체 무엇이 유대인을 강하게 하는가?

오래전부터 유대인의 우수성에 대한 연구가 이루어져 왔다. 역사 교육, 영재 교육, 베갯머리 교육, 밥상머리 교육, 쩨다카(자선, 기부) 정신, 티쿤올람(tikkun olam, 세계를 고치다), 유머 등 우수성의 근원으로 여러 가지가 언급되었다. 모두 근거를 갖춘 타당한 분석이다. 그러나 30여 년의 교육학 전공자인 나의 판단으로는 단 하나의 비결만 보였다. 바로 하브루타이다. 이러한 확신으로 이 땅에 하브루타를 소개하였다.

하브루타가 대한민국의 가정과 교육 현장에 변화의 바람을 일으키고 있어 다행이라고 생각한다. 기존 한국 교육의 '듣고 외우고 시험 보고 잊어버리고' 마는 주입식의 일방적인 교육에 변화가 필요하다는 바람이 얼마나 간절한지 보여 준 셈이다.

유대인이 우수한 까닭은 마치 공기처럼 하브루타가 그들의 몸에 배어 있기 때문이다. 그들은 엄마 뱃속에서부터 태교로 시작하여 평생, 일상생활에서 하브루타를 실천한다.

단언컨대, 하브루타는 빠르면 빠를수록 그 기대 효과가 높다. 어릴 때 하브루타를 하는 것이 가장 중요하다. 그래야 문화처럼, 습관처럼 할 수 있기 때문이다. 교육이 진정으로 바뀌려면 부모가 아이를 가진 걸 안 순간부터 태교로 하브루타를 실천해야 한다. 나아가 아이들의 첫 교육 기관(어린이집, 유치원)에서 하브루타가 이루어져야 한다. 그러나 이러한 요구에 걸맞은 연구가 부족했다.

'어떻게 해야 어린 시절부터 하브루타를 할 수 있을까?'

이 책은 이러한 질문에 대한 해답이다. 태교부터 시작되는 일상 하브루타와 하브루타를 실천하면서 겪었던 어려움과 변화의 모습들이 진솔하게 담겨 있다. 하브루타 교육 이론과 수업 모형을 유아 발달에 적합하게 적용하여 수업한 실제 사례를 보여 준다. 또한 누리과정 주제와 연계된 그림책을 통해 부모와 아이가 함께하는 그림책 하브루타 방법과 사례를 제시하고 있다.

이 책을 통해 유아를 대상으로 한 하브루타의 구체적인 방안을 접할 수 있을 것이다. 하브루타를 처음 소개한 필자로선 더없이 반갑고 고마운 일이다. 더불어 이 책을 통해 진심으로 소망한다. 하브루타가 이 땅에 교육 문화로 굳건히 뿌리내려 활짝 꽃 피기를……

부천대 교수 전성수

사랑과 존중의 대화, 하브루타!

"조용히 하고 선생님을 따라해 보세요. 반짝반짝 작은 별……."

사과 상자 위에 올라 또래 친구들에게 노래와 율동을 가르치는 여자 아이의 모습이 떠오릅니다. 아이는 선생님이 되고 싶었습니다. 역할 놀이를 할 때에도 꼭 선생님만 했습니다. 그 아이가 바로 저였고, 정말 선생님이 되었습니다. 교실에서는 아이들의 선생님으로, 강단에서는 부모들에게 자녀교육 선생님으로 다가갔습니다. 돌이켜보면 20년의 세월 애오라지 한 길을 걸어온 셈입니다.

정말 좋은 선생님이 되고 싶었습니다. 매년, 매달, 매일 다짐했습니다. 그러나 한동안 의욕만 앞섰습니다. 막상 어떤 선생님이 좋은 선생님인지 생각하지 못했습니다. 무엇이 아이를 위한 바른 교육인지 깊이 고민하지 못했습니다.

교사가 된 첫해, 발표회 날이었습니다. 강당에는 발 디딜 틈이 없을 정도로 부모들이 가득 자리했습니다. 한껏 기대에 찬 모습으로 아이를 응원하는 피켓과 꽃다발을 들고 자녀의 순서를 기다리고 있었습니다. 새내기 교사가 처음 준비한 발표회였습니다. 잘 해내고 싶은 마음에 몹시 긴

장했던 모양입니다. 추운 겨울임에도 손바닥에는 땀이 흥건했습니다. 6살 민경이가 짜증을 부렸습니다. 꼭두각시 복장 중 족두리가 답답하다며 쓰지 않겠다는 것이었습니다.

"민경아, 엄마께서 민경이 주려고 사탕 꽃다발 사 오셨어. 예쁘게 하는 것 보여 드리자."

아무리 달래도 듣질 않았습니다. 족두리를 씌워 주면 다시 벗었습니다. 곧 무대에 올라갈 시간이 다가오고 있었습니다. 민경이가 족두리를 써야 하는데, 마음이 점점 조급해졌습니다. 민경이가 무대에 설 차례였습니다. "이제 나가야 해, 어서 써!"라고 소리를 질렀습니다. 그러나 민경이는 족두리를 다시 벗어 버렸습니다. 족두리를 다시 씌우자, 민경이는 큰소리로 울어 댔습니다. 족두리를 안 쓰는 것보다 더 큰 사태가 벌어지고 말았습니다.

그때는 몰랐습니다. 무엇이 더 중요한지 미처 생각하지 못했습니다. 발표회를 잘 해내겠다는 생각에만 사로잡혔던 셈입니다. 정작 민경이의 마음을 헤아려 주질 않았습니다. 더 나아가 민경이를 한 인간으로 제대로 존중해 주지 못했습니다.

"어린이는 비로소 인간이 되는 것이 아니라 이미 하나의 인간이다."

'어린이의 아버지'라고 불리는 야누스 코르작의 말입니다. 교사를 대상으로 강의할 때 민경이의 이야기를 들려줍니다. 이어 좋은 교사가 되는 길에 대해 묻습니다. 다양한 의견을 먼저 듣고, 제 생각을 밝히며 대화를 나눕니다.

"좋은 교사는 아이들이 좋아하고 원하는 것이 무엇인지 알아냅니다."

"아이들이 좋아하고 원하는 것은 어떤 것이죠?"

"물어보면 됩니다."

"엉뚱한 대답을 하면 어쩌죠?"

"다시 묻습니다. 왜 그렇게 생각하느냐고."

그렇습니다. 강요가 아닙니다. 아이 스스로 해답을 찾아갈 수 있는 방향을 제시해 주어야 합니다. 그것이 한 인간으로 아이를 존중하는 자세이며, 곧 유아 하브루타를 하는 이유입니다.

'하브루타 HOW!'에는 2가지 의미가 담겨 있습니다.

첫째는 '하브루타 HOW(하우)!' 영어 발음 그대로 '유아기에 꼭 하브루타를 하세요.'라는 권유입니다.

둘째는 '하브루타 HOW(어떻게)!' 영어 해석으로 유아 하브루타의 구체적인 방법 제시입니다.

교육 현장에서 만나는 부모와 교사 앞에서 필자는 구호처럼 '사랑한다면, 하브루타 HOW!'를 외칩니다. 사랑과 존중은 하나입니다. 존중이 없는 사랑은 자기 만족에 가깝습니다. 사랑한다면 반드시 상대를 존중해야 합니다. 하브루타의 질문법 속에는 아이 존중이 담겨 있습니다. '네 생각은 어때?', '왜 그렇게 생각해?' 이러한 질문으로 아이는 자신이 인정과 존중을 받고 있다고 느낍니다. 더불어 사랑받는 존재라는 사실까지 깨닫게 됩니다.

최근 하브루타를 가정과 교실에서 활발하게 받아들이고 있습니다. 하지만 막상 부모들과 교사들은 이렇게 말합니다.

"하브루타가 좋은 건 알겠어요. 그런데 어떻게 실천해야 할지 모르겠어요."

이 책은 그에 대한 응답입니다. 가정과 교실에서 하부르타를 적용, 실천해 온 결과물입니다. 부모들과 교사들이 책의 사례대로 하나씩 짚어가며 좇는다면, 아이의 변화와 성장을 반드시 실감하리라 확신합니다.

끝으로 필자에게 하브루타의 세계를 보여 주신 전성수 교수님께 감사를 전합니다. 최고의 스승인 교수님의 응원이 없었다면 이 책의 내용은 영영 가슴에만 담아 뒀을 겁니다. 유아교사 교육으로 동분서주하며 강연을 다니는 필자를 위해 '엄마의 해는 지지 않아. 밤이 늦도록 침대에 눕지 못하는 엄마'라는 자작시를 써 준 큰아이 경준, 원고에 매달리는 엄마를 위해 아이스커피를 건네던 예쁜 딸 예준. 두 아이에게 뜨겁게 사랑을 고백합니다. 강의와 글쓰기로 분주한 엄마의 빈자리를 채워 준 가족, 지칠 때마다 웃음으로 활력을 안겨 준 귀염둥이 조카 태윤과 규리에게도 감사와 사랑의 마음을 전합니다.

유아 하브루타 연구소장 권문정

아이와 교사가 함께하는
하브루타 질문 놀이터

어느 날, 길을 걷다 옛 제자를 만났습니다. 반가운 마음에 다가가려 했습니다. 분명히 눈이 마주쳤는데, 아이는 멀뚱히 쳐다보기만 했습니다. 그새 선생님을 잊어버렸을까.

"많이 컸구나. 선생님이 한번 안아 봐도 되겠니?"

두 팔을 벌린 채 이름을 부르는 순간, 아이는 벌써 저만치 걸어갔습니다. 쓸쓸히 뒷모습을 바라봤습니다. 그동안 가르쳤던 아이들의 얼굴이 하나둘 떠올랐습니다. 나는 아이들에게 어떤 교사였을까?

사랑이 넘치는 교사가 되고 싶었습니다. 그러나 교육 현장은 달랐습니다. 교사로서의 열정과 사명감을 순수하게 지켜 내기가 어려웠습니다. 천사 같은 아이들이 말썽을 피울 때, '보여 주기'식 교육과 잡무에 지나치게 시달릴 때, 뜻밖의 사고가 일어났을 때마다 낙담하곤 했습니다.

다시 아이들을 향한 사랑을 회복하고 싶었습니다. 전문성을 지닌 교사로서 바른 교육을 시행하려 노력했습니다. 다양한 프로그램을 교실에 적용해 보았습니다. 이런저런 연수도 받아 보았습니다. 좀처럼 길이 보이지 않았습니다.

'열정 없이, 사랑 없이 교사를 계속할 수 있을까?'

고민이 깊어 갈 즈음, 『질문하는 공부법, 하브루타』를 읽었습니다. '아, 하브루타!' 마침내 기나긴 터널을 빠져나오는 기분이었습니다. 교사 입장에서 하브루타는 아이를 존중하며 대화로 교육하는 방법입니다. 열정과 사랑으로 아이를 보듬는 참교사의 모습으로 회복시켜 줍니다. 아이에게 하브루타는 자신이 존중과 사랑을 받고 있다는 사실을 느끼게 해 줍니다. 나아가 인성과 생각의 힘을 키우는 교육 방법입니다.

아이들이 어른이 되어 맞이할 미래는 지금보다 더한 빅데이터 시대일 것입니다. 오늘날 누구나 인터넷에 들어가면 무한한 정보를 얻을 수 있습니다. 더 이상 정보의 양은 중요하지 않습니다. 오히려 필요한 정보를 통해 현재의 문제를 해결하는 능력이 요구됩니다.

바야흐로 4차 산업혁명의 시대입니다. 정보통신기술(ICT)의 융합이 활발하게 진행되고 있습니다. 예를 들면, 2017년 4월 서울대학교가 경비원 신규 채용을 중단하고 정보통신기술(ICT) 무인경비 시스템을 도입했습니다. 이처럼 로봇과 인공지능이 인간의 많은 일자리를 대신하게 됩니다. 세계 경제 포럼의 연구 결과에 따르면, 2020년에는 720만 개의 일자리가 사라진다고 합니다.

4차 산업혁명 시대에는 로봇과 인공지능이 대신할 수 없는 능력이 요구됩니다. 즉 앞으로의 인재는 문제 해결 능력, 소통, 협력, 창의성이 더욱 요구될 것입니다. 하브루타는 짝을 지어 질문하고 대화하며 토론, 논쟁하는 교육으로 4차 산업혁명 시대에 적합한 교육 방법입니다.

첫째, '왜?'라는 질문은 뇌를 자극하여 사고력을 키워 줍니다. 질문을 통해 주어진 정보를 이해하도록 합니다. 나아가 그 의미와 본질을 파악할 수 있게 합니다. 상상의 질문으로 호기심을 유발해 생각의 폭과 깊이를 더해 줍니다.

둘째, '어떻게?'라는 질문은 주어진 정보로 현재의 문제를 해결할 수 있도록 합니다. 이러한 과정을 통해 문제 해결 능력과 창의성을 길러 줍니다.

셋째, 혼자가 아닌 '짝의 생각'에 귀 기울이도록 합니다. 서로의 생각을 나누는 과정을 통해 소통과 협력의 능력이 길러집니다.

하브루타는 5,000년 전부터 내려오는 유대인의 전통 교육 방법입니다. 우리나라의 일방적인 지식 전달 교육과는 사뭇 다릅니다. 아무리 뛰어난 교육일지라도 현장에서 적용하고 실천할 수 없다면, 공허한 외침에 불과합니다.

'어떻게 아이들이 하브루타를 자연스럽게 받아들일 수 있을까?' 저는 교실에서 하브루타를 실천했습니다. 하브루타의 필요성을 절감하면서도 막상 수업에 적용하는 게 처음에는 상당히 어려웠습니다. 실패했고, 좌절도 겪었습니다. 그러면서 아이들의 발달에 적합한 방법을 연구했습니다.

하브루타를 수업의 틀에 억지로 끼워 넣으려는 자세를 버렸습니다. 대신 일상과 놀이 안에서 하브루타를 시작했습니다. 실제로 효과를 눈으로 보고 나니 하브루타가 실천 가능한 교육임을 확신하게 되었습니다. 아이들은 일상과 놀이로 자연스럽게 하브루타를 받아들였습니다. 아이들은 눈에 띄게 변화했고 성장해 나갔습니다.

이 책을 통해 일상 하브루타, 발달에 적합한 놀이 하브루타 이론과 실천 사례를 소개하고자 합니다. 하브루타로 '있는 모습 그대로' 아이들이 더 존중받고 사랑받기를 바랍니다. 나아가 4차 산업혁명 시대를 이끌어 갈 리더로 성장하여 행복한 삶을 살아가길 바랍니다.

"유대인이 안식일을 지킨 것이 아니라 안식일이 유대인을 지켰다."

유대인의 격언처럼 하브루타는 제게 교사로서의 사명감을 회복시켜 준 교육입니다. 하브루타를 만나게 해 주신 전성수 교수님, 이일우 하브루타협회장님, 하브루타를 가정과 교실에서 실천하도록 많은 도움을 주신 양동일 탈무드랜드 대표이사님께 감사드립니다. 하브루타에 대한 생각을 일깨워 주고 "선생님!" 하고 안기는 아이들에게 지면을 통해 사랑의 마음을 전합니다. 또한 이 책의 집필 과정에서 기꺼이 멘토가 되어 주신 『가시고기』의 조창인 작가님, 아이들의 사진 게재를 흔쾌히 동의해 주신 학부모 여러분께도 감사를 드립니다. 항상 지지해 주고 기도해 주는 남편, 힘들 때마다 "엄마" 하고 안아 준 경연이와 경채, 부족한 나를 있는 모습 그대로 사랑하시는 예수님께 깊은 감사와 사랑을 드립니다.

상촌초등학교병설유치원 교사 채명희

유아도 하브루타를 할 수 있어요?
유아 하브루타가 꼭 필요한 이유

하브루타로 질문 놀이터를 만들어요.
유아 하브루타를 위한 변화

CHAPTER 3

친구랑 함께 질문하고 이야기할래요!

교실에서 하는 유아 하브루타 HOW

CHAPTER 4

엄마, 아빠! 함께 이야기해요.

집에서 하는 유아 하브루타 HOW

유아도 하브루타를
할 수 있어요?

유아 하브루타가 꼭 필요한 이유

마음을 나누는 하브루타 HOW

반드시 무슨 이유가 있을 거야!

"마따호세프?"

이는 유대인이 태어나서 어른이 되기까지 가장 자주 듣는 말입니다. "네 생각은 무엇이니?"라는 뜻입니다. 유대인은 상대방의 생각을 자주 묻습니다. 어린아이에게도 마찬가지입니다. 어린아이라고 할지라도 한 인격체로서 대하기 때문입니다. 그래서 아이가 잘못된 행동을 했을 때도 지적하거나 질책하기보다 먼저 아이의 생각과 그렇게 행동한 이유를 묻습니다.

어느 날 교실에서 있었던 일입니다. 가을 날씨를 주제로 하브루타 수업을 하고 있었습니다. 아이들은 부지런히 자신의 생각을 이야기했습니다. 그런데 유독 도준이만 딴청을 부렸습니다. 평소에도 산만하긴 했지만 그날은 특히 심했습니다. 수업에는 전혀 관심이 없다는 듯 행동했습니다. 옆 친구를 툭툭 치고, 홀로 쌓기 영역으로 가서 블록 놀이를 하고, 심지어 괴성까지 질러 댔습니다. 도준이 때문에 수업 진행이 어려웠습니다. 수업에 집중하는 다른 아이들까지 방해하는 도준이에게 화가 났습니다. 하지만 심호흡을 한 후 마음을 가라앉혔습니다.

'반드시 무슨 이유가 있을 거야.'

수업이 끝난 후 도준이와 단둘이서 이야기를 나누었습니다.

"도준아, 기분이 안 좋니? 왜 이야기 나누기 시간에 쌓기 영역으로 갔어?"

"그냥요."

"오늘 교실에서 무슨 일 있었어?"

"아니요."

"그럼 집에서 무슨 일 있었어?"

"네."

도준이는 아무렇지도 않게 바로 대답했습니다. 조심스럽게 도준이에게 물었습니다.

"그래, 무슨 일인데?"

"아빠가 때렸어요."

갑자기 심장이 뛰기 시작했습니다.

"정말? 누구를?"

"엄마요. 그래서 엄마가 화가 아주 많이 났어요. 말도 안 해요."

'아, 도준이가 집중하지 못하는 이유가 있었구나.' 마음이 아팠습니다.

"도준아! 누구나 싸울 수 있어. 친구들이랑도 싸우고 또 놀고 하잖아!"

"우리 엄마, 아빠는 달라요."

"왜 그렇게 생각해?"

"아주 오래됐어요. 엄마가 아빠랑 같이 살고 싶지 않대요."

"그랬구나. 우리 도준이가 많이 힘들겠구나."

도준이를 꼭 안아 주었습니다. 도준이가 얼마나 불안했을까? 세상으로부터 자신을 보호해 줘야 하는 부모라는 보호막이 흔들릴 때 얼마나 두려웠을까? 가을 날씨에 대한 이야기가 도준이에게 도대체 무슨 의미가 있었을까?

차분히 이야기를 나누지 않았다면, 도준이의 행동을 이해하지 못했을 것입니다. 그저 수업을 방해하는 천덕꾸러기로만 생각했을 것입니다. 그 뒤로도 도준이는 작은 다툼에도 화를 버럭 내거나 친구를 때리는 등 정서적으로 불안한 행동을 멈추지 않았습니다. 부모가 아직 화해하지 않은 것 같았습니다.

어느 날은 급식 시간에 젓가락으로 옆 친구를 쿡쿡 찌르며 위험한 행동을 서슴없이 했습니다. 다른 아이들의 안전을 위해 그날은 다른 책상에서 단둘이 식사를 했습니다.

"엄마, 아빠 화해하셨니?"

"아니요. 아직. 주말에 엄마가 이모집에 가서 안 오셨어요."

"그래. 그래서 도준이는 주말에 뭐했니?"

"누나랑 TV만 봤어요."

"그랬구나. 기분이 어땠니?"

"안 좋았어요. 엄마랑 같이 있고 싶었는데……."

"그랬구나. 도준이가 마음이 많이 아팠겠구나. 부모님 사이가 어서 좋아지시면 좋겠다."

그날 오후에는 친구를 때리고 장난감을 던지는 폭력적인 행동이 부쩍 줄었습니다. 다음날 급식 배식을 한 후 도준이네 모둠에서 식사를 하려고 했습니다. 그런데 도준이가 보이지 않았습니다. 불안한 마음으로 교실을 둘러보았습니다. 도준이는 어제 단둘이 식사했던 자리에 홀로 앉아 있었습니다. 눈이 마주치자 도준이는 해맑게 웃으며 이쪽으로 오라는 손짓을 했습니다.

"도준아, 오늘은 친구들이랑 같이 먹어도 괜찮아."

"아니에요, 선생님! 선생님이랑 여기서 밥 먹을래요."

마음이 짠했습니다. 도준이에게 특별히 해 준 것은 없었습니다. 부모를 화해시켜 주지도 못했습니다. 단지 행동의 이유를 물어보고 그 마음을 이해하고 공감해 주었을 뿐입니다. 도준이는 그것만으로도 위로를 받았나 봅니다.

가정에서도 마찬가지입니다. 아이들이 이상하거나 잘못된 행동을 했을 때 겉으로 보이는 행동만 보고 혼내면 안 됩니다. 아이들은 아무 이유 없이 행동하지 않습니다. 단지 그렇게 보일 뿐입니다. 행동에 관심을 가지고 그 이유를 물어볼 때 비로소 보이지 않는 마음속 이야기를 나눌 수 있습니다. 그 마음을 하브루타로 읽어 준다면, 아이는 위로를 받을 테고 행동이 변하기 시작할 것입니다.

마음을 나누는 하브루타 HOW

'반드시 무슨 이유가 있을 거야!'

"왜 그러니?"

"무슨 일이 있었니?"

02

따뜻함을 나누는 하브루타 HOW

이렇게 작고 귀여운 아이인데…….

하브루타를 접하면서 유아 하브루타가 유아를 위한 효과적인 교육 방법이라는 사실을 알게 되었습니다. 하지만 언제, 어떻게 하브루타를 시도해야 할지 몰라 교육 현장에 적용하는 것이 쉽지 않았습니다. 유대인의 유아 하브루타를 찬찬히 살펴보았습니다.

유대인은 하브루타를 언제, 어떻게 시작할까요? 그들은 생명이 뱃속에 있다는 것을 안 순간부터 하브루타를 합니다. 하브루타 태교인 셈입니다. 하브루타 태교는 배를 쓰다듬으면서 시작됩니다. 따뜻한 스킨십과 함께 소소한 이야기를 건네며 질문합니다.

"아가야, 사랑해. 보고 싶어. 뭐하고 있어? 지금 기분이 어떠니?"

왜 그냥 하브루타를 하지 않고 배를 쓰다듬으면서 할까요? 따뜻한 스킨십이 하브루타에 긍정적 효과를 미치기 때문입니다. 하브루타는 기본적으로 대화를 나누는 것입니다. 대화는 관계를 전제로 이루어집니다. 관계가 좋을수록 대화는 더 자연스러워지고 깊어집니다. 따뜻한 스킨십은 좋은 관계 형성에 도움을 줍니다.

스킨십을 통한 관계 형성은 유아 하브루타에도 적용할 수 있습니다. 예를 들어 아이를 깨워야 할 때 잠든 아이에게 '부드러운 안마'로 하브루타를 시작합니다. "언제 일어날 거니? 빨리 일어나!"라는 날카로운 잔소리 대신 부드러운 스킨십으로 서서히 깨우는 겁니다.

"긴 바늘이 2칸 더 갈 때까지 잠을 잘 수 있겠구나. 긴 바늘이 1칸 남았어. 이제 곧 일어날 시간이란다."

머리부터 발끝까지 손으로 부드럽게 눌러 주면서 잠에서 깨어날 시간을 줍니다. 아이가 일어나야 할 이유를 스스로 생각해 보도록 합니다.

"오늘은 토요일이네. 날씨가 참 좋구나. 공원에 가서 무엇을 하면 좋을까?"

침대에서 일어나 맞이할 흥미로운 일에 대해 질문하며 하브루타를 이어 갑니다. 스킨십을 통한 하브루타는 가정에서는 물론 교실에서도 중요합니다. 등원 시간에 '안아 주기'로 아이를 맞이하며 하브루타를 시작할 수 있습니다.

현장에서 많은 아이를 지도하다 보면 힘들 때가 있습니다. 아이가 전혀 지도를 받아들이지 않고 제멋대로 행동할 때에는 미운 감정이 생기기도 합니다. 태준이가 그런 아이였습니다. 일부러 여자 변기에 소변을 보길래 하브루타로 지도를 했는데도 도무지 고쳐지지 않았습니다. 오히려 더 자주 짓궂은 행동을 했습니다. 여자 변기에 태준이의 소변이 묻어 있는 것을 보면 화가 치밀어 올랐습니다. 사랑으로 품어 주기가 어려웠습니다.

그래도 다음날 아침 해맑은 표정으로 등원하는 태준이를 향해 "잘 지냈니?" 하고 하브루타를 하며 안아 주었습니다. 서로의 체온을 나누는 순간, 이상하게도 미웠던 마음이 가라앉았습니다. '그래, 이렇게 작고 귀여운 아이인데, 다시 사랑해 보자.' 하고 각오를 다졌습니다. 태준이도 저의 진심을 서서히 알아차리는 듯했습니다. 교사와 아이와의 관계가 스킨십으로 친밀해진 것입니다.

어느 날 태준이에게 조용히 이야기했습니다.

"여자 변기에 묻은 소변을 닦는 일이 선생님한테는 너무 힘들어."

태준이는 고개를 갸웃거리며 물었습니다.

"왜 힘들어요?"

"소변은 좋지 않은 냄새가 난단다. 선생님이 힘들면 태준이 마음은 어때?"

"별로 안 좋아요."

"그러면 남자 소변기에 소변을 보면 어떨까?"

태준이는 밝게 웃으며 대답했습니다.

"네!"

그 뒤로 태준이는 정말 약속을 지켰습니다. '안아 주기'로 좋은 관계가 형성되었고, 하브루타로 행동의 변화까지 이끌어 냈습니다.

그러나 교실에서 '안아 주기'가 현실적으로 어려울 때가 있습니다. 스킨십이 성추행 또는 아동 폭력으로 오해받을 수 있기 때문입니다. 이러한 오해 소지로 인해 교사들이 아예 뒷짐을 쥐고 있기도 합니다. 안타까운 일입니다. 아이가 신체적·정신적으로 건강하게 자라기 위해서는 따뜻한 체온을 느낄 수 있는 스킨십이 반드시 필요합니다.

도널드 위니컷은 영국의 소아과 의사이자 대상관계 심리학 이론을 확립한 학자입니다. 그는 안아 주기 효과(Holding Effect)에 대해 다음과 같이 이야기했습니다.

'안아 주기'는 아동의 건강한 발달에 가장 핵심적 요소이다. 왜냐하면 '안아 주기'가 아동에게 충분히 안전하다는 기분을 제공해 주기 때문이다. 영유아는 이 안전한 느낌을 통해 심리적 안정감과 안정된 자아를 가질 수 있다.

아이들은 대체로 스킨십을 좋아합니다. 그러나 간혹 어색하고 불편하게 여기는 아이도 있습니다. 성향과 성격, 자라 온 환경이 각기 다르기 때문입니다. 모든 아이에게 똑같이 '안아 주기'로 인사할 필요는 없습니다.

학기 초에 '프리 허그' 동영상을 보여 줍니다. 서로의 체온을 나누는 스킨십에 대해 이야기를 나눕니다.

"왜 저 사람들은 거리에서 모르는 사람과 '안아 주기'를 하는 것일까?"

"누구와 안아 주기를 해 보았니?"

"선생님이랑 안아 주기로 아침 인사를 하면 어떨까?"

"안아 주기 말고 어떻게 인사를 나누고 싶니?"

작은 스킨십도 배려에서부터 출발해야 합니다. 아이마다 다른 감정 온도에 따라 걸맞은 스킨십을 할 필요가 있습니다. 간단한 악수, 머리 쓰다듬기, 어깨 토닥거리기, 하이파이브 등도 훌륭한 스킨십입니다. 중요한 것은 서로의 따뜻함을 마음 안에 채우는 것입니다. 서로의 따뜻함을 느낄 때 마음이 열리고 하브루타가 자연스러워집니다.

따뜻함을 나누는 하브루타 HOW

다양한 스킨십으로 36.5도의 따뜻함을 나누며 하브루타 시작

-가정에서 따뜻한 스킨십으로 아침 깨우기

-교실에서 따뜻한 스킨십으로 등원 맞이하기

03

분노를 다스리는 하브루타 HOW

민지야, 미안해!

2016년 10월, 한 유아 교육 기관의 식사 시간에 일어난 사건이 크게 보도되었습니다. 한 교사가 아이의 목덜미를 잡은 채, 식판에 남은 잔반을 입에 부어 넣은 것입니다. 작고 힘없는 아이에게 왜 그렇게 잔인하게 굴었을까요? 교사는 화가 났다고 합니다. 반찬을 골고루 먹으라는 지시를 아이가 듣지 않았기 때문입니다. 아동 폭력 사건을 일으킨 교사 또는 부모는 대부분 이렇게 변명합니다.

"말을 듣지 않아서 화가 났다."

같은 교사로서 교실에서의 아동 폭력 사건 뉴스를 접하게 되면 마음이 아픕니다. 결코 그 교사의 폭력이 정당화될 수 없습니다. 그러나 이런 질문을 하게 됩니다.

"저 교사는 처음부터 폭력을 행사했을까?"

"왜 폭력을 행사하게 되었을까?"

현장에는 아동 학대 사건을 방지하기 위한 공문이 쏟아지고 있습니다. 아동 학대 방지 교육 실시 여부, CCTV 설치 여부 등 보고해야 하는 사안이 늘어나고 있습니다. 교실 내 CCTV만 설치하면 아동 학대 사건을 막을 수 있는 것처럼 생각합니다. 그러나 아이러니하게 아동 학대 사건이 일어난 곳에는 CCTV가 버젓이 설치되어 있었습니다. CCTV가 있어도 폭력 교사는 폭력을 휘두릅니다. 폭력의 원인 제거 없이 제도적 장치만으로는 예방 효과가 미비합니다.

신규 교사 시절, 폭력은 아니지만 한 아이를 미워한 적이 있습니다. 저는 어린 시절부터 선생님 놀이를 좋아해서 교사가 되는 것이 꿈이었습니다. 유아교육과를 졸업하고 천사같이 순수하고 밝은 아이들을 만날 생각에 들떴습니다. 그런데 막상 현장에서 마주한 아이들의 모습은 상상한 것과는 사뭇 달랐습니다.

놀이를 하다가 화가 나면 친구를 마구 때렸습니다. 장난감을 두고 서로 다투기 일쑤였습니다. 자유 선택 놀이가 끝나 정리 시간이 되면 아예 화장실로 달아나는 아이도 있었습니다. 특히 식사 지도가 어려웠습니다. 편식이 심한 아이, 자리를 옮겨 다니며 소란을 피우는 아이, 수저로 장난치는 아이, 옆 친구랑 떠들기만 하는 아이 등등. 그중 민지는 밥을 삼키지 않는 아이였습니다. 식사 시간 내내 밥을 입안에 물고만 있었습니다.

"밥을 먹지 않으면 힘이 없어 놀지 못해."

"밥을 먹어야 키가 쑥쑥 자란단다."

온갖 말로 어르고 달래야 겨우 한 숟갈을 삼켰습니다. 하지만 그때뿐, 매일 같은 일이 되풀이되었습니다. 어느 날부터 화가 나기 시작했습니다. 밥 한 숟갈 먹이려고 내 밥도 제대로 못 먹고 뭐하는 짓인지, 스스로가 한심하기까지 했습니다. 식사 지도는커녕 말하기조차 싫어져 그저 쏘아봤습니다. 민지도 제 눈을 뚫어지게 쳐다보았습니다. 그렇게 초임 교사는 점심시간마다 5살짜리 아이와 눈싸움을 벌였습니다.

어느 날 출근길이었습니다. 자그마한 아이가 저만치 사푼사푼 걸어가고 있었습니다. '참, 귀엽네. 누굴까?' 잰걸음으로 다가갔습니다. 바로 민지였습니다. '아, 이렇게 작고 귀여운 아이와 눈싸움을 했단 말인가.' 순간 쥐구멍이 있다면 숨고 싶었습니다. '아이와 눈싸움이나 하려고 교사가 되었단 말인가. 나의 꿈은 아이들을 마음으로 품고 사랑하는 교사가 되는 것이었는데……' 교사로서의 첫 마음을 돌아보게 되었습니다.

그 뒤로 점심시간마다 인내하며 민지를 지도하려 노력했습니다. 그러나 민지의 태도는 변함이 없었습니다. 그때마다 좋은 교사가 되겠다는 진심을 몰라주는 민지에게 화가 났습니다. 민지를 미워하는 마음에 괴로웠습니다. 단지, 밥을 입에 물고 있는 행동 때문에 화가 났던 걸까요? 민지에게 화가 난 진짜 이유는 무엇이었을까요? 김영애(김영애가족치료연구소) 소장은 자신의 저서 『사티어빙산 의사소통』에서 다음과 같이 분노를 정의했습니다.

"분노는 나의 존재가 무시당하고 상대방이 나에게 무리한 요구를 하고 있다고 판단될 때 느끼는 감정이다. 분노는 나의 존재를 보호하라는 메시지이다."

대부분의 사람은 자신의 이야기가 무시당하면 기분이 나빠집니다. 심해지면 '분노'라는 감정을 일으킵니다.

가정과 교실에서 아이를 지도하다 보면 '지시'를 많이 하게 됩니다.

"걸어서 다녀야지."

"장난감 정리해."

"양치해야지."

대부분 바르고 안전한 생활을 위한 지도입니다. 그러나 어떤 아이들은 지시를 해도 들은 체도 하지 않습니다. 건성으로 "네." 하고 대답만 합니다. 부모와 교사는 반복해서 지시하게 됩니다. 그래도 아무런 변화가 없을 때 이런 생각이 들게 됩니다.

'내 말을 전혀 듣지 않는구나.'

'나를 무시하고 있구나.'

마음속에서 분노의 감정이 일어납니다. 분노를 제대로 조절하지 못하면 결국 폭력을 휘두르는 일까지 벌어지게 됩니다. 지도를 할 때 무시당한다는 생각이 들지 않으려면 어떻게 해야 할까요? 답은 의외로 간단합니다. 처음부터 무시당할 일, 즉 지시를 하지 않으면 됩니다. 어떻게 지시하지 않은 채 바르고 안전하게 지도할 수 있을까요? 하브루타가 정답입니다. 왜냐하면 하브루타는 '지시'를 버리고 '질문'으로 지도하기 때문입니다.

하브루타로 부모와 교사가 아이와 짝이 되어 바르고 안전한 생활태도와 행동에 대해 질문하고 대화를 합니다. 가령 미끄럼틀에서 거꾸로 타는 아이에게 "앞에 보고 바른 자세로 타야지."라고 '지시'하는 대신에 "미끄럼틀을 어떻게 타야 할까?"라고 '질문'합니다. 질문을 통해 아이가 스스로 어떻게 행동할지 결정하고 대답하도록 합니다.

■ 일상 대화와 하브루타 질문 비교

일상 대화(지시, 명령)	하브루타(질문)
교실에서 좀 뛰지 마!	-교실에서는 어떻게 다녀야 할까? -왜 그래야 할까?
숟가락으로 장난치지 마!	-숟가락은 어떻게 사용하는 걸까?
장난감 제자리에 정리해라!	-장난감을 그냥 두면 어떻게 될까? -어떻게 하면 좋을까?
동생 좀 때리지 마!	-동생이 자꾸 만지려고 하는 이유가 뭘까? -동생이 그렇게 할 땐 어떻게 하면 좋을까?
또 지각이다! 빨리해, 빨리!	-서두르지 않으면 어떤 일이 생길까? -어떻게 해야 할까?

지시를 버리면 부모와 교사는 분노라는 스트레스로부터 자유로워집니다. 화가 나지 않으면 귀여운 아이들이 미워질 일도 없습니다. 아이들의 생각을 존중하며 대화할 수 있습니다. 혹여 아이들이 스스로 한 대답을 지키지 못해도 기다려 줄 수 있는 마음의 여유가 생깁니다.

교사가 되었던 첫 해, 분노가 일어나는 진짜 이유와 질문 지도 방식(하브루타)을 알았더라면 얼마나 좋았을까요? 점심시간에 작고 귀여운 민지와 눈싸움을 하는 바보 같은 일은 없었을 겁니다. "밥 먹어라." 하고 무작정 지시하지 않았을 것입니다.

"밥을 별로 먹고 싶지 않구나. 왜 밥을 먹기 싫으니?"

"지금은 무슨 시간이지? 점심시간은 무엇을 하는 시간일까?"

"왜 우리는 밥을 먹어야 할까?"

민지의 생각이 무엇인지, 그 생각에 귀를 기울이며 스스로 행동할 수 있도록 '질문'으로 돕는 교사가 되었을 것입니다. 초임 교사는 아이를 어떻게 지도해야 하는지 제대로 몰랐습니다. 돌아보니 아쉽고 민지에게 미안한 마음이 듭니다.

분노를 다스리는 하브루타 HOW

폭력을 일으키는 분노 없애기

분노를 일으키는 '지시' 버리기

'질문'으로 지도하기

질문을 통해 아이 스스로 어떻게 행동해야 할지 결정하고 답하게 하기

04

인격적 관계를 만드는 하브루타 HOW

개미 안 잡아 오면 너랑 안 놀 거야.

교사들이 모여 이야기를 나누고 있습니다.

교사A : 휴, 요즘 우리 반 말썽꾸러기 때문에 속상해요. 교실에서 줄곧 뛰어다녀요. 걸어 다니라고 말해도 듣지를 않아요. 결국, 오늘 넘어져 책상 모서리에 이마를 부딪히고 말았어요.

교사B : 저는 점심시간에 아이들 지도하는 게 너무 힘들어요. 편식하는 아이들이 점점 많아지는 듯해요. 좋아하는 반찬만 먹고 싫어하는 것은 아예 맛도 보지 않으려고 해요. 먹기 싫다는데 억지로 먹이면 아동 학대가 되잖아요. 차라리 지도를 포기하고 싶은 심정이에요.

교사C : 저희 반 동우는 자기 마음에 드는 아이랑만 놀아요. 놀이 시간에 소진이가 끼어들자 "저리 개"라며 냅다 소리를 질렀어요. 이유를 묻고 사이좋게 놀라고 타일렀죠. 하지만 거절당한 소진이는 이미 마음이 상했어요. 훌쩍훌쩍 우는 소진이를 보니 영 마음이 편치 않더라고요.

교사들의 한숨 소리가 가득합니다. 천사처럼 순수하고 착할 것 같은 아이들이 왜 이러는 걸까요?

뇌 발달 측면에서 보면, 인성의 틀은 유아기에 형성된다고 합니다. 인성을 담당하는 전두엽이 3~6세에 급속히 발달하기 때문입니다. 인성, 곧 고운 마음을 가꿀 수 있는 가장 좋은 기회가 유아기인 셈입니다.

어떻게 하면 유아기에 고운 마음의 틀을 만들어 줄 수 있을까요? 유아기는 놀이를 통한 교육을 하는 시기입니다. 유치원의 창시자 프뢰벨은 "유아는 놀이를 바탕으로 성장한다."라고 했습니다. 그는 놀잇감인 은물(Gift, 1837)을 만들어 유아들에게 선물할 정도로 놀이를 중시했습니다. 놀이가 유아기에 가장 적합한 교육임은 틀림없습니다. 교실에서 놀이 중심의 교육을 실천하려고 노력했습니다. 그러나 놀이를 통해 고운 마음까지 저절로 길러지는 것은 아니었습니다.

따뜻한 봄이 되자 놀이터에 개미들의 모습이 보이기 시작합니다. 여기저기 기어다니는 개미를 발견한 아이들의 눈이 반짝거립니다. 신기한 듯 허리를 굽혀 개미를 살펴봅니다. 손으로 만져 보기도 합니다.

그러나 현승이는 아무렇지 않게 발로 마구 개미를 짓밟습니다. 그리고 모래놀이통에 물을 담아 개미를 빠뜨려 허우적대는 모습을 보며 키득키득 웃습니다. 심지어 자기보다 약한 성재에게 따라 하라고 시킵니다. "개미 한 마리 더 잡아 와. 안 잡아 오면 너랑 안 놀 거야."라고 말합니다. 성재는 풀이 죽어 개미를 찾으러 갑니다.

아이들은 놀이를 통해 성장합니다. 그러나 놀이만으로 바른 생각과 행동을 교육하기는 어렵습니다. 아이가 그릇된 행동을 할 때마다 옳고 그름을 명확하게 알려 주어도 효과는 별로 없었습니다. 일방적 지시였기 때문입니다. 현승이에게 개미를 밟지 말라고 지도했고 "네."라는 대답도 들었습니다. 하지만 현승이는 또다시 개미를 사정없이 밟았습니다. 이렇듯 지시를 통한 지도에는 한계가 있습니다.

왜 아이들은 지시대로 움직이지 않을까요? 이는 유아기 발달 특징과 관련이 있습니다. 피아제에 의하면 '자아중심성'은 유아기 인지 발달의 특징입니다. 자아중심성이란 타인의 생각, 감정, 지각 등을 자신과 동일한 것으로 가정하는 사고입니다. 고운 마음이 무엇인지 알려 주어도 자신의 생각과 다르면 받아들이기는커녕 듣기조차 싫어합니다. 따라서 일방적인 지시가 아닌 다른 방법으로 접근해야 합니다.

하브루타는 지시하지 않습니다. 질문을 해서 지도합니다. 질문으로 아이 스스로 고운 마음을 생각하게 합니다. 결국 그 생각을 행동으로 옮기도록 합니다. 자유 선택 놀이가 끝나면 정리 시간입니다. 어떤 아이들은 정리 시간이 되어도 계속 놀이를 합니다. 하브루타를 알기 전에는 이런 아이들을 지도하는 게 어려웠습니다. 그런데 하브루타로 지도하면서 달라졌습니다.

교사 : 지금은 무슨 시간이니?

아이 : 정리 시간이요.

교사 : 너는 뭐하고 있니?”

아이 : 놀고 있어요.

교사 : 다른 친구들은 무엇을 하고 있니?

아이 : 정리요.

교사 : 그럼 너는 무엇을 해야 할까?

아이 : 정리요.

질문만 했을 뿐입니다. 그럼에도 아이는 대답하고 그 대답대로 행동했습니다. 한동안 질문으로 지도하는 것이 어려웠습니다. 오랫동안 지시적 언어가 배어 있었기 때문입니다. 아침에 출근하며 다짐하곤 했습니다.

'오늘은 질문만 하자! 지시하지 말자! 질문하고 대답하게 하자!'

지시가 아닌 질문으로 지도했다고 당장 효과를 기대하지는 말아야 합니다. 아이의 행동 변화에는 시간이 걸립니다. 하브루타로 먼저 변하는 것은 아이의 행동이 아닙니다. 아이와의 관계입니다. 지시하는 수직적 관계에서 생각을 묻고 대화하는 수평적·인격적 관계로의 변화가 우선입니다. 이러한 관계의 형성 속에서 아이의 행동도 점차 변하게 됩니다.

"뛰지 마."라는 말보다 "어떻게 다니면 좋을까?", "소리 지르지 마."라는 말보다 "어떻게 말하면 좋을까?", "빨리해."라는 말보다 "기다려 줄게. 하지만 약속을 지키는 건 중요하단다."라는 말을 해 보세요. 생각이 열려 있는 아이들에게 생각할 시간을 주면 놀라운 변화가 일어납니다.

인격적 관계를 만드는 하브루타 HOW

장소에 따른 하브루타 : "여기는 어디니?", "어떻게 행동해야 할까?"

시간에 따른 하브루타 : "지금은 무슨 시간이니?", "무엇을 해야 할까?"

바른 도구 사용을 위한 하브루타 : "이것은 무엇이니?", "어떻게 사용해야 할까?"

05

공감 능력을 길러 주는 하브루타 HOW

왜 아이들은 만날 싸우지?

교실에서 이루어진 자유 선택 놀이 시간입니다. 민아와 예은이가 퍼즐을 함께 맞추다가 말다툼을 벌입니다. 정수는 경민이와 블록 놀이를 하다가 갑자기 팔뚝을 물었습니다. 왜 아이들은 만날 싸울까요?

물론 사람이 사는 곳이라면 어디든 갈등이 일어납니다. 갈등은 서로의 차이에서 비롯됩니다. 모든 사람은 유전자, 기질, 성격, 가정환경 등의 차이로 생각과 감정이 다릅니다. 일란성 쌍둥이라도 자세히 보면 분명히 차이점이 있습니다.

서로의 다름 때문에 종종 불편한 일이 생깁니다. 그렇다고 다름을 나쁘거나 틀렸다고 단정할 수 없습니다. 예컨대 모든 사람이 외모는 물론 성격까지 똑같다고 가정해 보세요. 옆에도 앞에도 뒤에도 온통 나를 닮은 사람뿐이라면 한 편의 공포영화가 될 것입니다. 다름이 특별하고 다양한 세상을 만들어 줍니다. 적절한 방법으로 갈등을 해결할 수만 있다면, 다름은 오히려 성장을 위한 축복인 셈입니다.

"왜 아이들은 서로 이해하지 못하고 만날 싸우지?"

딱히 불평할 필요가 없습니다. 다만 아이들이 서로 다르다는 점을 이해하도록, 상대방의 입장에서 생각할 수 있도록 도와주어야 합니다. 사람은 혼자서 살아갈 수 없는 사회적 동물입니다. 더불어 살기 위해서는 상대를 이해하는 자세가 필요합니다. 앞으로는 이해를 넘어 타인의 생각과 감정을 받아들이는 능력, 즉 공감 능력이 중요해집니다.

세계적인 신경과학자 마르코 야코니에 의하면, 인간의 뇌에는 나와 타인을 연결해 주는 감정이입 세포가 있다고 합니다. 이를 거울 뉴런이라고 하는데, 거울 뉴런은 공감 능력에 매우 중요한 요소입니다. 예컨대 사이코패스는 거울 뉴런이 없거나 미성숙한 상태여서 끔찍한 범죄를 저지르고도 전혀 죄책감을 느끼지 않습니다. 상대방의 괴로움에 공감하지 못하는 것이죠. 그런데 어떻게 하면 유아기에 정상적으로 거울 뉴런을 형성할 수 있을까요?

유아기 사고의 특징은 자아중심성입니다. 자아중심성으로 인해 타인의 생각과 감정이 나와 동일하다고 받아들입니다. 판단의 기준이 오로지 나의 시각에만 묶여 있습니다. 따라서 이 시기에는 서로간의 갈등이 더 자주 일어납니다. 아이들 사이에 갈등이 있을 때 교사나 부모는 서둘러 갈등을 해결하려고 옳고 그름을 결정해 줍니다. 심지어 억지로 화해시키려 합니다.

그러나 문제 해결보다 더 중요한 것이 있습니다. 문제를 해결하는 과정을 통해 거울 뉴런을 만들어 가는 것입니다. 거울 뉴런은 저절로 만들어지지 않습니다. 상대의 얼굴이나 몸짓에 담긴 감정을 헤아리며 만들어집니다. 바라볼 사람이 있고, 그 사람과 함께 지내는 시간과 경험이 있어야 가능합니다.

하브루타는 공감 능력을 키워 주는 탁월한 교육 방법입니다. 갈등이 일어나면 당사자들을 불러서 차분하게 하브루타를 통해 이야기를 주고받습니다.

첫째, "무슨 일이니?" 하고 갈등이 일어나게 된 원인에 대해 이야기합니다.

둘째, "만약 너라면~." 하고 친구의 입장에서 생각해 보게 합니다.

셋째, "어떻게 하면 좋을까?" 하고 문제 해결 방안에 대한 의견을 나눕니다. 서로의 입장에서 생각하고 느낄 수 있도록 합니다.

이러한 하브루타를 통해 거울 뉴런이 형성되면서 공감 능력이 길러집니다. 가정에서도 형제 사이에 갈등이 일어날 때 하브루타로 공감 능력을 길러 줄 수 있습니다. 가정에서 6살 진우와 4살 지민이 사이에 일어난 갈등입니다. 진우가 블록을 가지고 놀다가 잠깐 옆에 놓아두었습니다. 동생 지민이가 그 블록을 가져갔습니다. 진우와 지민이가 블록이 자기 것이라며 말다툼을 했습니다.

엄마 : 무슨 일이니?

진우 : 엄마! 내가 이 블록을 갖고 놀고 있었어요. 근데 갑자기 지민이가 가져갔어요.

지민 : 아니에요. 블록이 여기 있어서 그냥 가져간 거예요.

엄마 : 진우야, 가지고 놀던 블록을 여기에 두었니?

진우 : 네.

엄마 : 잠시 놓아 둔 건데, 지민이가 가지고 가서 화가 났구나. 네가 지민이라면 오빠가 블록을 잠시 놓아둔 건지 알 수 있었을까?

진우 : 아니요.

엄마 : 지민아! 너는 블록이 여기 있어서 가져갔구나. 오빠는 잠시 놓아둔 거래. 네가 오빠라면 갑자기 묻지도 않고 가져가면 기분이 어떨까?

지민 : 안 좋아요.

엄마 : 서로 잘 몰라서 그랬구나. 그래서 기분이 나빴구나. 서로에게 뭐라고 이야기하면 좋을까?

진우 : 미안하다고 말해요.

엄마 : 그럼 서로 미안하다고 말하면 좋겠구나. 다음에는 어떻게 하면 좋을까?

지민 : 오빠한테 갖고 놀아도 되냐고 물어봐요.

진우 : 가지고 놀 거면 잘 놓아두고, 아니면 지민이 줄래요.

갈등이 생기면, '만약 너라면~.'이라는 하브루타로 서로의 거울을 바라보게 하세요. 갈등은 하브루타로 공감 능력을 길러 줄 수 있는 좋은 기회입니다.

공감 능력을 길러 주는 하브루타 HOW

"무슨 일이니?"

"만약 너라면 어떨 것 같니?"

"어떻게 이야기해야 할까?"

"다음에는 어떻게 할 거니?"

06

놀 권리를 지켜 주는 하브루타 HOW

엄마! 그건 노는 것 아닌데요.

신규 공립유치원 교사를 대상으로 놀이 하브루타 연수를 진행하면서 다음과 같은 질문을 던졌습니다.

"만약 유아 교육에서 놀이와 하브루타 중 하나를 선택해야 한다면 무엇을 선택해야 할까요?"

교사들은 뭐라고 대답해야 할지 난감한 표정이었습니다. 아무래도 연수 주제가 '하브루타'였기 때문인 것 같았습니다. 하브루타는 21C 인재를 만드는 데 효과적이며 탁월한 교육 방법입니다. 하지만 놀이와 하브루타 중 하나만 선택하라면, 제 선택은 놀이입니다. 왜냐하면 놀이는 유아기 발달에 가장 적합한 교육 방법이기 때문입니다.

피아제에 의하면 유아기는 전조작기입니다. 전조작기는 구체물을 가지고 놀이를 할 때 인지 발달이 일어납니다. 또한 역할놀이, 상징놀이를 통해 전조작기의 특징인 마술적 사고, 상상적 사고가 발달하게 됩니다.

놀이는 아이들에게 어떤 의미가 있을까요? 놀이는 발달에 적합한 교육 방법을 넘어서 본능이며 생존의 기술입니다. 하브루타의 메카인 이스라엘에서도 유아 교육은 놀이와 체험이 전부입니다. 함께하는 놀이 속에서 궁금한 질문이 자연스럽게 흘러나오는 것입니다.

따라서 유아기 하브루타는 놀이 속에서 자연스럽게 이루어져야 합니다. 유아가 놀이를 하고 있을 때는 지나친 질문으로 놀이를 방해해서는 안 됩니다. 특히 무엇인가 가르치기 위한 질문은 놀이의 흐름을 깨뜨리게 됩니다. 급기야 놀이 자체의 즐거움을 떨어뜨립니다.

놀이를 하브루타 수업으로 대체한다면 어떤 일이 일어날까요? 초등학교처럼 하브루타 미술 수업, 하브루타 언어 수업, 하브루타 과학 수업으로 진행할 수 있습니다. 질문 만드는 기술, 논리적으로 말하는 기술은 향상될지도 모릅니다. 그러나 아이들에게 본능이며 생존의 기술인 놀이를 빼앗게 되는 셈입니다. 본능을 억누르면 부작용이 일어납니다. 생존의 기술을 익히지 못하면 이 세상을 살아갈 힘을 얻지 못합니다.

그뿐만 아니라 놀이를 통해 얻을 수 있는 주도성 역시 기르지 못하게 됩니다. 에릭슨(Erik Erikson, 1856~1939)은 인간의 성격 발달을 다른 사람과의 사회적 관계 속에서 연구한 자아 심리학자입니다. 그는 인간의 전 생애를 심리사회적 8단계로 구분하고 각 단계마다 겪어야 하는 발달 과업을 제시하였습니다. 또한 발달 과업과 대칭적인 개념인 발달 위기를 함께 제시하였습니다. 에릭슨은 이를 어떻게 극복하고 처리하느냐에 따라 다음 단계로의 발달이 원만하게 이루어지느냐가 좌우된다고 주장했습니다. 그에 의하면 유아기는 주도성 대 죄책감이 발달하는 시기입니다. 따라서 유아가 놀이를 주도적으로 하는 과정 속에서 주도성을 기르도록 도와야 합니다.

'당연히 아이들은 놀이를 주도적으로 할 수 있지 않나?' 하고 반문할 수 있습니다. 그러나 실제로는 그렇지 않습니다. 놀이 자체를 어려워하는 아이들이 점차 늘고 있습니다. 부모 교육을 하면서 학부모들을 만나게 되면 이런 이야기를 자주 듣습니다.

"저희 아이는 장난감이 많은데도 매일 심심하대요."

"방 안 가득 장난감이 있는데 새로운 장난감을 보면 사 달라고 졸라요."

예전보다 놀잇감이 넘쳐납니다. 그럼에도 아이들은 더 많은 새로운 놀잇감을 요구합니다. 요즘은 마트에 가면 '레고'를 쉽게 구입할 수 있습니다. 저의 어린 시절에 레고는 고가의 장난감이서 레고를 갖고 놀기 어려웠습니다. 그렇지만 레고가 없어서 놀이를 못한 적은 단 한 번도 없었습니다. 놀잇감이 없으면 직접 만들어서 놀았습니다.

저는 친구들과 놀이터에서 시장놀이를 자주 했습니다. 그중 액자 장수 역할을 좋아했습니다. 모래를 판판하게 펼친 후 손가락으로 글씨를 꾹꾹 눌러 씁니다. 그리고 그 속에 좀 더 하얀 모래를 넣습니다. 액자가 없어도 액자 장수를 하는 데 아무 문제가 없었습니다.

아이가 놀지 못하는 것은 놀잇감이 부족해서가 아닙니다. 놀이 시간이 충분하지 못하고, 부모 또는 선생님이 주도한 놀이에 길들여지고, TV와 컴퓨터와 스마트폰 등 영상 매체에 노출이 많이 되다 보니 아이들이 놀이를 놀이답게 경험하지 못한 탓에 놀지 못하는 것입니다. 놀이는 아이들의 본능입니다. 놀이를 빼앗기면 아이들은 노는 방법을 잊어버리게 됩니다. 본능이 억제되고, 억제된 본능을 게임이나 TV, 스마트폰 등의 일방적인 놀이 또는 폭력적 행동 등으로 발산하게 됩니다.

놀이의 부재는 아이들의 다양한 발달(언어, 사회성, 정서, 신체 등) 문제를 일으킵니다. 이러한 문제는 놀이로 치료할 수 있습니다. 놀이치료는 아이에게 진짜 놀이의 경험을 제공합니다. 자발적이고 주도적인 놀이가 무엇보다 중요합니다. 이를 통해 자기를 발견하고 자기의 감정과 생각을 조절할 수 있는 능력을 길러야 합니다.

"엄마! 유치원 끝나고 놀고 싶어요."

"유치원 끝나면 축구 가잖아. 거기서 놀이하잖아?"

"엄마! 그건 노는 것 아닌데요."

"가서 뛰고 움직이는데 그게 노는 거지. 공부를 하는 것도 아니고, 그럼 뭐가 노는 거야?"

어른들은 공부가 아니면 놀이라고 생각하기 쉽습니다. 겉으로 보기에 노는 것이면 놀이라고 생각합니다. 놀이에도 진짜 놀이와 가짜 놀이가 있습니다. 놀이를 많이 해도 가짜 놀이를 한다면 그것은 놀이로서의 역할을 하지 못합니다. 아이들에게 가짜 놀이는 단지 '어른들의 일'과 같은 것입니다. 가짜 놀이를 계속하게 된다면 스트레스로 인해 발달상의 문제가 다양하게 일어납니다.

다음 사진은 놀이하는 모습을 담고 있습니다. 이 아이들은 진짜 놀이를 하고 있는 것일까요?

Rubin 등 놀이에 대한 연구자들은 다음과 같이 놀이의 요소를 제시했습니다(Rubin, Fein,& Vandenberg, 1983).

내적동기: 내적으로 동기화된 것.

자발성: 자유롭게 선택함.

즐거움: 긍정적인 정서를 경험함.

과정지향성: 놀이의 결과보다 과정 그 자체에 초점을 둠.

비실제성: 놀이는 상상적이며 '마치~처럼' 행동하는 가작화 요소를 포함함.

적극성: 적극적으로 참여하며 신체적으로나 심리적으로 몰입함.

사진의 놀이가 진짜 놀이가 되려면, 아이들은 내적 동기에 의해 자유롭게 물을 퍼서 옮기는 놀이를 해야 합니다. 그 과정 자체를 적극적으로 즐겁게 하는 것이 중요합니다. 끝내고 싶을 때 언제든지 끝낼 수 있어야 합니다. 놀이를 하면서 물을 푸는 횟수를 자연스럽게 세어 본다면 그것도 놀이입니다.

가정과 교육기관에서는 진짜 놀이를 경험할 수 있는 환경을 제공해야 합니다. 그것만으로도 아이들은 건강하게 자랄 수 있습니다. 하브루타는 아이가 주도적으로 진짜 놀이를 하도록 돕습니다. 하브루타는 구체적으로 어떻게 해야 할까요? 아이가 놀이를 주도적으로 잘하고 있다면 놀이를 인정해 주고 지지해 주면 됩니다.

"○○가 ○○을 했구나!" 하고 있는 그대로 행동을 읽어 주면 됩니다. 미소로 바라봐 주는 것도 좋습니다. 거창한 칭찬은 오히려 자연스러운 놀이를 방해합니다. "○○야, 이것은 무엇이니?" 하고 관심을 가지고 궁금한 것을 물어봅니다. 이때 너무 많은 질문, 어려운 질문은 놀이를 방해할 수 있습니다. 관심을 표현해 주는 것만으로도 충분합니다.

아이가 놀이를 머뭇거린다면, 하브루타로 도와줄 수 있습니다. "무슨 놀이를 하고 싶니? 어떻게 하고 싶니?" 하고 자신이 하고 싶은 놀이가 무엇인지 생각해 볼 수 있는 기회를 줍니다. 놀이를 선택하지 못한다면 "이 놀이를 해 보면 어떨까?" 하고 부모나 교사가 제안해 줄 수 있습니다. 제안한 놀이를 아이가 주도적으로 할 수 있도록 기다려 주어야 합니다.

"어떻게 하는 것 같니? 어떻게 하고 싶니?" 하고 질문을 통해 놀이의 주도권을 아이에게 주어야 합니다. 친구들과의 놀이를 힘들어하면 부모나 교사가 먼저 친구가 되어 주어야 합니다. 교실에서는 선생님이 함께 놀이를 하면 다른 친구들도 옆에 오게 됩니다. 아이들은 선생님이 하는 놀이에 관심이 많습니다. 함께 놀이를 하다가 살짝 자리를 비켜 친구들과 놀이할 수 있는 기회를 줍니다.

또한 아이의 놀 권리를 지켜 주기 위해 부모와 교사가 꼭 해야 할 하브루타 질문이 있습니다. 바로 "우리 같이 놀이터 갈까?"입니다. 현장에 있으면서 아이들의 가장 행복한 웃음과 표정을 볼 수 있는 곳은 바로 놀이터입니다.

왜 아이들은 놀이터를 좋아할까요? 놀이터에 나오면 아무 말 없이 따뜻하게 맞아주는 햇빛을 만납니다. 특히 봄에 맞이하는 햇살은 참 따스합니다. 흙과 모래로 마음껏 모양을 만들고 놉니다. 혼자놀이보다 잡기놀이, 무궁화 꽃이 피었습니다, 모래성 쌓기, 시소타기 등 함께하는 놀이를 합니다. 공기와 바람을 느끼며 신나게 뛰어놉니다. 하늘, 바람, 흙, 나무, 벌레 등에 대해 다양한 감정과 생각을 신나게 이야기합니다. "우리 같이 놀이터 갈까?" 자주 물어볼수록 아이들의 행복한 웃음과 표정도 많아질 것입니다.

놀 권리를 지켜 주는 하브루타 HOW

주도적으로 놀이를 하고 있다면 관찰하며 있는 그대로에 관심 갖기

○○가 ○○을 했구나.

○○야! 이것은 무엇이니?

놀이를 선택하지 못하고 있다면

무슨 놀이를 하고 싶니?

어떻게 하고 싶니?

이 놀이 함께 해 보면 어떨까?

진짜 놀이를 경험하게 하고 싶다면

우리 같이 놀이터 갈까?

07

다양한 친구를 만들어 주는 하브루타 HOW

선생님! 짝꿍 바꿔 주면 안 돼요?

매월 첫째 주 월요일은 하브루타 짝꿍을 바꾸는 날입니다. 짝꿍을 바꾸는 날이 되면 아이들은 교사 주변에 모여듭니다.

"선생님, 이번에 제 짝은 누구예요?"

"저 승연이랑 짝꿍하고 싶어요."

"이번에 윤지랑 짝꿍하면 안 돼요?"

아이들의 관심이 '누가 내 짝꿍이 될지'에 집중됩니다. 짝꿍이 되면 한 달 동안 수업 시간에 다양한 놀이를 함께하고 짝 하브루타도 하게 되기 때문입니다. 싫은 친구랑 짝이 되면 부모한테 짝에 대한 불만을 표시하는 아이도 있습니다. 이때 부모의 반응이 중요합니다. 부모가 친구에 대해 부정적으로 반응하면 아이의 친구 관계는 좁아집니다. 반대로 친구에 대해 긍정적으로 반응하면 아이의 친구 관계가 넓어질 수 있습니다.

학부모 상담 중에 한 학부모가 한 말이 기억에 남습니다.

"이 아이는 이래서 싫고 저 아이는 저래서 싫다고 불만을 표시하면 절대 편을 들어주지 않아요. 첫째를 키우면서 느꼈어요. 부모가 나서서 '누구랑 놀지 마!'라고 말하면 결국 아이는 다양한 친구를 만들지 못해요."

미래학자 다니엘 핑크는 그의 저서 『새로운 미래가 온다』에서 미래 인재의 6가지 조건을 제시했습니다. 바로 디자인, 스토리, 조화, 공감, 유희, 의미를 말합니다. 그중 조화는 서로의 다름을 이해하고 결합하는 능력입니다. 그는 오늘날처럼 다양한 사람이 살고 있는 시대에 특히 중요한 능력이라고 강조합니다. 조화 능력을 갖춘 사람은 경계를 뛰어넘는 사람입니다. 이들은 서로 다른 분야의 사람들과 관계를 맺으며 서로 다른 것을 결합시켜 창조할 수 있습니다.

조화 능력은 유아기부터 다양성을 존중하며 소통하고 협력하는 경험을 통해 길러집니다. 그러므로 또래 관계가 시작되는 유아기부터 다양한 친구를 만나고 함께 놀이하는 경험은 중요합니다. 부모는 아이가 교육기관에 가기만 하면 다양한 친구와 놀이하고 대화할 것이라 생각합니다. 그러나 현장에서 아이들의 놀이를 관찰해 보면 그렇지 않다는 것을 알 수 있습니다. 아이들도 어른들처럼 놀이 성향이 비슷하거나 자신이 좋아하는 친구하고만 놀이하는 경우가 많았습니다.

그런데 매달 하브루타 짝을 바꾸면 아이들이 다양한 친구와 관계를 맺을 수 있습니다. 친하지 않은 친구, 싫어하는 친구와 짝이 되어 놀이도 하고 대화도 하게 되기 때문입니다.

하브루타 수업 첫 해의 4월에 있었던 일입니다. 재민이는 수연이가 싫었나 봅니다. 짝이 되었는데 말도 걸지 않고 눈길조차 주지 않았습니다. 급기야 울기 시작했습니다.

"선생님! 저는 수연이랑 짝하기 싫어요."

억지로 짝을 시킬 수는 없었습니다. 고민하다가 짝을 바꾸어 주었습니다. 시간이 흘러서 11월이 되었습니다.

"재민아! 수연이와 짝을 해 보면 어떨까?"

"네. 선생님! 짝은 계속 바뀌잖아요."

좋아하는 친구하고만 짝을 하려고 했던 재민이가 변했습니다. 수연이랑 짝하는 것을 자연스럽게 받아들였습니다. 비단 재민이만 그런 게 아닙니다. 1학기에 남자아이들끼리, 여자아이들끼리 놀던 놀이 패턴 또한 2학기에 들어서면서 바뀌었습니다. 바깥 놀이터에서 모두 함께 어울려 아무 거리낌 없이 놀았습니다.

매달 짝꿍을 바꾸면 짝꿍 인터뷰 활동을 합니다. 짝꿍 인터뷰를 하며 새로운 짝꿍의 얼굴도 그립니다. 짝의 얼굴을 그리기 위해서는 서로를 자세히 바라보아야 합니다. 나태주 시인의 「풀꽃」의 시구처럼 자세히 보아야 예쁘고 오래 보아야 아름답습니다. 얼굴을 그리다 보면 나와 친구의 다른 점, 같은 점, 그리고 친구의 특별한 점을 자연스럽게 느끼게 됩니다.

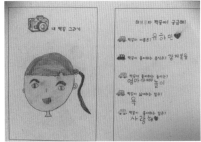

그리고 5가지 정도의 질문을 하면서 짝꿍의 생각에 관심을 갖습니다.

1. 짝꿍의 이름은?

2. 짝꿍이 좋아하는 음식은?

3. 짝꿍이 좋아하는 놀이는?

4. 짝꿍이 싫어하는 말은?

5. 짝꿍이 좋아하는 말은?

아이의 개별적 발달 수준에 맞게 인터뷰를 진행하면 됩니다. 만 5세는 글 또는 그림으로 표현합니다. 만 4세는 그림으로 표현하거나 언어로 묻고 대답하는 활동을 합니다. 만 3세 이하는 짝꿍을 그려 보고 한 가지 정도의 질문만 주고받아도 됩니다.

새로운 짝꿍이랑 친구가 될 수 있는 방법은 무엇일까요? 인터뷰를 통해 서로에게 관심을 갖는 것도 중요합니다. 그러나 '함께하는 놀이'만큼 서로 친해질 수 있는 프로그램은 없습니다.

아이들에게 짝꿍 미션을 줍니다. 매일 나가는 바깥놀이 전에 짝꿍과 함께 미션을 하고 함께 놀이를 합니다. 아이들은 게임처럼 미션에 참여합니다. 짝꿍이랑 누가 미션을 뽑을지 정한 후 미션을 뽑습니다.

'짝꿍이랑 노란색 미끄럼틀 함께 타기', '짝꿍이랑 잡기놀이 하기', '짝꿍이랑 모래성 쌓기', '짝꿍이랑 시소 함께 타기' 등 미션은 놀이터에서 쉽게 할 수 있는 놀이들입니다. 이러한 미션은 아이들과 함께 정하면 더욱 풍성해집니다.

또한 짝꿍이랑 미술 영역에서 공동 작품을 만들기도 합니다. 함께 만들기, 그림 그리기 등의 활동을 하면 서로의 생각을 나누며 협력하고 협동하게 됩니다.

다양한 자연 체험 활동을 함께 하는 것도 특별한 경험입니다. 산책이나 나들이를 하며 다양한 자연놀이를 짝꿍과 함께 합니다. 예를 들면, 봄에 꽃잎 줍기, 가을에 도토리 줍기, 공기놀이, 팽이 만들기 등 자연놀이를 짝꿍과 해 봅니다.

이렇게 짝꿍과 함께 놀이를 할 수 있는 다양한 기회를 주면 됩니다. 아이들에게 놀이는 언어입니다. 놀이를 통해 자신의 생각을 표현하고 소통할 수 있습니다. 짝꿍과의 놀이를 통해 아이들은 다양성을 존중하며 조화를 이루는 능력을 기르게 됩니다.

다양한 친구를 만들어 주는 하브루타 HOW

하브루타 기차 타기로 짝꿍 바꾸기 활동

짝 하브루타로 다양한 친구와 대화하기

짝꿍 인터뷰 및 짝꿍 미션하기

짝꿍이랑 함께 다양한 놀이하기

08

호기심과 문제 해결 능력을 길러 주는 하브루타 HOW

내가 잘못했을 때 알 수 있어요.

전국으로 부모 교육을 다니며 꼭 묻는 질문이 있습니다.

"자녀를 사랑하시나요?"

"왜 사랑하시나요?"

당연한 것을 왜 묻느냐는 표정으로 대답을 합니다.

"당연하죠! 제가 낳았잖아요."

"부모니까 이유 없이 사랑하죠."

그렇습니다. 부모는 특별한 이유가 있어서 자녀를 사랑하는 것이 아닙니다. 그냥 자녀라는 이유만으로 사랑합니다. 이번에는 아이들의 생각이 궁금해서 물었습니다.

"부모님이 나를 정말 사랑한다고 느끼는 사람 손들어 볼까요?"

손을 냉큼 드는 아이는 많지 않습니다. 대부분 머뭇거리며 손을 듭니다. 어떤 아이는 아예 손을 들지 않습니다. 왜 아이들은 부모의 사랑을 제대로 느끼지 못할까요. 다시 언제 부모님이 나를 사랑하지 않는다고 느끼는지 물어보았습니다.

"잘못하면 엄청 화내요."

"장난도 못 치게 해요."

그렇다면 아이들은 언제 부모가 자신을 사랑한다고 알 수 있을까요? 한 아이의 이야기에서 그 해답을 찾을 수 있었습니다.

"내가 잘못했을 때 알 수 있어요."

부모의 반응으로 그 속마음까지 짐작한다는 뜻입니다. 부모는 분명 무심코, 습관적으로 반응했을 것입니다. 그러나 아이는 부모의 사랑까지 스스로 알아서 해석하고 받아들이는 셈입니다. 6살 민주네 집에서 있었던 일입니다.

"엄마! 우유가 흘러내려요."

우유곽이 식탁 위에 엎어져 있었습니다. 우유가 식탁 아래로 뚝뚝 흘러내렸습니다. 민주는 엄마만 빤히 쳐다보고 있을 뿐이었습니다. 엄마는 민주가 같은 실수를 자꾸 반복하니 화가 났습니다. 얼마 전이었다면 잔소리를 퍼부었을지도 모릅니다. 그러나 하브루타 부모 교육을 받고 나서 자신의 반응부터 바꿔야겠다고 마음먹었던 참입니다. 아이가 실수한 상황에서도 하브루타가 가능하다는 것을 알게 되었던 것입니다. 흘러내린 우유를 닦으며 아이와 차분하게 이야기를 나누었습니다.

엄마 : 민주야! 우유가 엎질러졌구나! 어쩌다 엎질렀니?"

민주 : 우유를 먹다가 식탁 위에 올려놓았어요. 그런데 갑자기 엎질러졌어요.

엄마 : 정말? 우유가 혼자 엎질질 수가 있을까? 잘 생각해 보렴. 식탁 위에 있던 우유

　　　가 어떻게 쓰러졌을까?

민주 : 제가 팔로 친 것 같아요.

엄마 : 그랬구나. 다음엔 어떻게 하면 좋을까?

민주 : 우유를 들고 먹어야겠어요.

엄마 : 그래, 좋은 생각이야.

엄마는 실수를 고쳐 주는 선에서 하브루타로 한 걸음 더 나가기로 했습니다.

엄마 : 만약 우유가 얼어 있었다면 어떻게 되었을까?

민주 : 딱딱하니까 흘러내리지 않았을 것 같아요.

엄마 : 그래. 조금 어려운 말로 물과 같은 상태를 액체라고 하고 얼어 있는 상태를 고

　　　체라고 한단다. 우유가 물과 같은 액체 상태였기 때문에 책상 아래로 흘러내린

　　　거란다. 다음부터는 잘 들고 먹도록 하자.

자녀가 실수했을 때 부정적인 감정으로 반응하게 되면 어떻게 될까요? 문제는 해결되지 않은 채 서로의 관계만 악화됩니다. 이러한 부정적인 감정이 쌓이면 부모가 나를 사랑하지 않는다고 느낄 수 있습니다. 장난을 쳤을 때도 마찬가지입니다. 7살 현수네에서 있었던 일입니다.

연필로 그림을 그리고 있는 현수에게 엄마는 간식으로 포도를 주었습니다. 현수가 몇 알을 먹더니 갑자기 연필로 포도를 쿡쿡 찔렀습니다. 엄마는 화가 났습니다. '왜 먹는 걸로 장난을 칠까?' 현수의 행동을 이해할 수 없었습니다.

"너 지금 뭐하니? 포도를 연필로 먹니?"

"너 그것 먹을 거니? 더럽지 않아?"

얼마 전이었다면 마음속 화를 담아서 언어로 폭풍 공격을 가했을 것입니다. 그러나 하브루타를 알게 되었으니 달라져야죠. 크게 호흡을 내쉬고 마음을 가다듬었습니다. 감정적으로 반응하지 않기 위해서입니다.

엄마 : 현수야! 지금 뭐 하고 있니? 연필심으로 찌른 포도 먹어도 될까?

현수 : 아니요.

엄마 : 왜 먹으면 안 될까? 연필심은 뭘로 만드는 걸까?

현수 : 모르겠어요. 까만색인데…….

엄마 : 우리 한번 알아볼까? 어떻게 알아보면 좋을까?

현수 : 책 아니면 인터넷이요.

엄마 : 그러면 인터넷으로 알아보자.

현수 : 네.

엄마 : 현수야! 여기 봐! 연필심은 흑연으로 만든대. 그런데 다이아몬드가 같이 나오네. 왜 그럴까?

현수 : 다이아몬드와 흑연은 너무 다른데요.

엄마 : 그러게. 다이아몬드는 반짝반짝 빛나고 너무 예쁜데, 흑연은 까만색에 모양도

없어. 여기 봐. 다이아몬드랑 흑연이랑 만들어진 재료는 같은 탄소래.

현수 : 이상해요. 어떤 건 흑연, 어떤 건 다이아몬드가 될 수 있어요?

엄마 : 그 이유는······. 아! 여기 나온다. 흑연이 지구 내부에 있는 높은 온도와 압력을 견뎌 내면 아름다운 다이아몬드가 된다는구나.

현수 : 압력이 뭐예요?

엄마 : 압력이라는 것은 누르는 힘이란다. 아무리 흑연이지만 아주 뜨거운 곳에서 꾹 누르면 어떨까?

현수 : 힘들 것 같아요.

엄마 : 흑연이 힘든 것을 이겨 내면 다이아몬드가 된다는구나. 현수는 뭐가 제일 힘드니?

현수 : 동생한테 양보하는 거요.

엄마 : 힘드니까 양보하지 말아야 할까?

현수 : 양보해야죠. 현지는 제 동생이잖아요.

엄마 : 그래. 그러면 현수가 더 멋있어질 거야. 현수야! 또 연필심으로 포도 찍을 거야?

현수 : 아니요.

장난친 행동으로 하브루타를 한 후 새로운 사실을 알게 되고 문제까지 해결할 수 있었습니다. 실수와 장난에 감정적·부정적으로 반응하게 되면, 부모가 자신을 사랑하지 않는다는 느낌만 받게 됩니다. 아이에게 먼저 그 이유를 물어봅니다. 이어 함께 해결 방법을 찾아간다면, 사물에 대한 호기심과 문제 해결 능력까지 길러 줄 수 있습니다.

유대인들은 "공부하라."라는 말 대신 "무엇일까?", "어떻게 해야 할까?"라는 하브루타로 생각을 자극합니다. 일상에서 일어나는 아이의 실수와 장난에 어떻게 반응해야 할까요? 감정적으로 부정적으로 반응해야 할까요? 이성적으로 긍정적으로 반응해야 할까요? 작은 반응의 차이가 관계에 영향을 미치고 나아가 미래의 차이를 만듭니다.

호기심과 문제 해결 능력을 길러 주는 하브루타 HOW

심호흡을 한 후 이성적 · 긍정적 반응으로 호기심과 문제 해결 능력 키우기

왜 이런 일이 일어났을까?

무엇일까?

왜 그럴까?

09

자존감을 높여 주는 하브루타 HOW

네가 그린 사람, 이상해.

자녀가 교육기관에 다니게 되면 부모들은 아이의 성장을 기대합니다. 그러나 한편 이런저런 걱정을 하게 됩니다.

"내 아이가 다른 아이들보다 뒤떨어지면 어떡하지?"

"친구의 말에 상처를 받지나 않을까?"

상처 없는 세상에서 아이들이 자랄 수 있다면 얼마나 좋을까요. 사람과 사람이 부딪치며 살아가는 세상에서 상처를 받지 않을 수 없습니다. 실제로 아이들 사이에서도 상처를 주고받는 경우가 있습니다. 상처를 받지 않는 환경을 만드는 것도 필요하지만, 더욱 중요한 건 상처를 받았을 때 이겨 낼 수 있는 능력입니다.

상처를 이겨 내는 능력은 자존감과 관련이 있습니다. 자존감이란 자신을 있는 그대로 인정하고 존중하는 것입니다. 자존감이 높은 사람은 남과 비교하지 않고 '무슨 일이든 할 수 있다.'라는 자신감이 있습니다. 다른 사람의 말이나 행동에 쉽게 상처받지 않습니다. 상처를 받거나 실패를 해도 적극적으로 치료하고 극복해 냅니다.

자존감이 낮은 사람은 남과 비교하고 자신감이 없습니다. 다른 사람의 말이나 행동에 쉽게 상처를 받습니다. 상처를 받으면 회피하거나 치료하지 않아서 곪게 됩니다. 누군가 그 상처를 조금만 건드려도 예민하게 반응합니다. 실패를 하게 되면 자신감이 부족해 금방 포기하게 됩니다.

어떻게 하면 아이들의 자존감을 높여 줄 수 있을까요? 6살 아윤이는 잔뜩 화가 나서 엄마한테 투덜거렸습니다. 엄마는 당장 유치원에서 무슨 일이 있었냐고 물었습니다.

"친구가 내가 그린 그림이 이상하다고 말했어. 유치원 가기 싫어"

"그래?"

"응. 난 이제 미술 영역이 제일 싫어. 이제부터 그림 안 그릴 거야."

엄마는 아윤이의 속상한 마음을 풀어 주고 싶었습니다.

"괜찮아. 다음에는 더 잘 그릴 수 있을 거야. 엄마랑 그림 그리기 해 볼까?"

틀에 박힌 위로의 말만 떠올랐습니다. 당연히 아윤이의 속상한 마음을 달래 줄 수 없었습니다. '어떻게 아윤이를 위로해 주어야 마음이 풀릴까?' 하고 거실 책꽂이의 동화책을 살펴보다 『소피가 속상하면, 너무너무 속상하면』이란 동화가 눈에 들어왔습니다. 아윤이와 함께 읽으면 좋을 듯했습니다.

엄마 : 아윤아! 소피도 너처럼 많이 속상한가 봐.

아윤 : 왜요? 나처럼?

엄마 : 응. 그림 속의 소피의 표정이 어때?

아윤 : 불쌍해 보여요. 감옥에 갇힌 것 같아.

엄마 : 왜 감옥에 갇힌 것 같다고 생각했어?

아윤 : 네모 안에 소피가 들어 있잖아. 그 네모가 감옥이야.

엄마 : 그렇구나. 정말 불쌍해 보이기도 하고 속상한 것 같네? 그럼 무슨 일이 있었
는지 읽어 볼까?

소피가 속상하면, 너무너무 속상하면
몰리 뱅 글/그림 (책읽는곰)

미술 시간에 소피와 친구들은 가장 좋아하는 나
무 그리기를 합니다. 소피는 너도밤나무를 슬퍼
보이지 않는 파란색으로 색칠합니다. 그런데 앤
드루가 "소피. 나무가 틀렸어. 진짜 나무는 파란
색이 아니야!"라고 말합니다. 소피는 얼굴이 화
끈거리고 눈물이 났습니다. 그때 선생님께서 소피에게 그림에 대한 이야기를 들려
달라고 합니다. 소피는 자신의 그림에 대해 이야기를 하다가 점점 목소리에 힘이
생깁니다. 나무에게 받은 좋고 튼튼한 느낌을 표현하고 싶어서 파란색으로 칠했다
고 자신 있게 말합니다. 선생님은 이야기를 관심 있게 들어 주며 소피의 느낌을 공
감해 줍니다. 소피는 다시 그림 그리기가 좋아졌습니다. 그냥 있는 그대로 제 모습
이 좋아집니다.

엄마 : 소피가 그린 나무는 어떤 색이었어?

아윤 : 파란색. 그런데 내가 보기에는 멋진 나무였어. 예뻐.

엄마 : 앤드루는 소피의 나무 그림을 보고 뭐라고 했어?

아윤 : 색깔이 이상하다고 했어. 잘못 그렸다고.

엄마 : 소피가 속상할 때 누가 왔을까?

아윤 : 선생님이 와서 따뜻하게 말해 줬어.

엄마 : 소피와 선생님의 얘기를 듣고 나서 앤드루는 소피의 그림이 어떻다고 했어?

아윤 : 행복해 보인다고.

엄마 : 앤드루가 소피 보고 잘못 그렸다고 말했을 때 소피 마음은 어땠을까?

아윤 : 속상했어.

엄마 : 아윤이가 앤드루였다면 소피의 그림을 보고 뭐라고 했을까?

아윤 : 잘못 그렸다고 안 하고 예쁘게 그렸다고 말할 거야.

엄마 : 소피가 앤드루 나무를 칭찬했을 때 앤드루는 어떤 기분이었을까?

아윤 : 소피한테 미안했을 것 같아.

엄마 : 왜 그렇게 생각해?

아윤 : 앤드루는 소피 그림이 이상하다고 했는데 소피는 칭찬해 줬잖아.

엄마 : 앞으로 친구가 아윤이 그림을 보고 이상하다고 하면 뭐라고 얘기할래?

아윤 : 잘못 그린 게 아니야! 내 마음속의 그림은 이렇게 생겼어.

엄마 : 친구들이 그린 그림을 보고 어떻게 말해 주면 좋을까?

아윤 : 잘못 그렸다고 안 하고 예쁘게 그렸다고 말하겠어. 엄마, 내가 소피처럼 나무를
그릴 테니까 엄마가 앤드루처럼 말해 봐.

(아윤이 그림을 그렸다. 나무를 파란색으로 그리고 하늘은 형광노랑으로.)

엄마 : 그래. 엄마가 앤드류처럼 이야기할게. 그림이 이상해! 나무가 왜 파란색이야? 하늘도 이상해. 이 그림은 틀렸어!

아윤 : 아니야! 이 그림은 틀리지 않았어. 이건 내 마음속의 나무야!

틀에 박힌 말로 아이를 위로했다면 어땠을까요? 아이의 마음을 읽고 자존감을 길러 줄 기회를 놓쳤을 겁니다. 엄마는 그림책 하브루타를 통해 아윤이가 그림책 속으로 들어가서 자신을 볼 수 있게 했습니다. 아윤이는 소피의 감정을 읽으며 자신의 상처받은 감정을 받아들이고, 느낀 대로 그린 그림이 특별함을 알게 되었습니다. 앞으로 아윤이는 비교하는 친구의 말에 상처받지 않고 자신의 생각을 자신 있게 표현할 것입니다.

자존감을 길러 주는 하브루타 HOW

자존감을 높여 주는 그림책 읽어 주기

그림책 속으로 들어가 등장인물들의 마음과 생각 상상하기

그림책 밖으로 나와서 비슷한 경험에 대해 이야기 나누기

비교나 실패로 상처받았을 때 어떻게 하면 좋을지 이야기 나누기

자존감을 높여 주는 그림책

맥스 루케이도, 『너는 특별하단다』

앤서니 브라운, 『겁쟁이 윌리』

모리스 센닥, 『괴물들이 사는 나라』

권정생, 『강아지똥』

마르쿠스 피스터, 『무지개 물고기』

하브루타로
질문 놀이터를 만들어요.

유아 하브루타를 위한 변화

01

선생님!
짝 하브루타 또 해요?

"선생님! 짝 하브루타 또 해요? 안 하면 안 돼요?"

하브루타 수업 중 한 아이가 볼멘소리로 물었습니다. 한창 수업 중이었는데, 아이의 말로 찬물을 끼얹듯 수업 분위기가 깨졌습니다. 갑자기 맥이 풀렸습니다. 또 다른 아이가 손을 번쩍 들고는 물었습니다.

"놀이터는 언제 나가요?"

얼굴이 화끈거렸습니다. 수업을 허둥지둥 마쳤습니다.

'하브루타 수업을 왜 싫어할까? 이쯤에서 하브루타를 그만둬야 하나?'

『질문하는 공부법 하브루타』를 읽고 하브루타에 관심을 갖게 되었습니다. 저는 1970년대에 태어나 주입식 교육을 받으며 자랐습니다. 자유롭게 생각을 발표하는 것이 어색한 세대입니다. 하브루타를 통해 의심 없이 받아들이고 외우는 주입식 교육을 돌아보게 되었습니다. '현직 교사를 위한 하브루타 연수'를 받으면서 새로운 교육에 대한 기대감이 컸습니다. 하브루타로 적극적으로 질문하고 대화하는 수업이 가능하리라 기대했습니다.

돌아오는 새 학기부터 하브루타 수업을 바로 시작했습니다. 그러나 유아 하브루타 수업에 참고하고 적용할 만한 자료가 거의 없었습니다. 하브루타 연수는 초·중등교육에 초점이 맞춰져 있었기 때문입니다. 무엇부터 하브루타를 해야 할지 고민이었습니다.

'아이들이 쉽게 할 수 있는 이야기부터 시작하자.'

표현 활동을 한 후 자신의 작품에 대해 짝과 하브루타를 시작했습니다. 아이들은 어색해하면서도 새로운 수업에 관심을 보이며 참여했습니다. 시간이 지나면서 문제가 생겼습니다.

우선 말하는 시간의 개인차가 컸습니다. 먼저 하브루타를 끝내면 여기저기서 "선생님! 저희 다했어요!"라고 소리쳤습니다. 다 끝낸 짝끼리 장난을 쳤습니다. 어떤 아이는 무엇을 어떻게 말해야 할지 몰라 머뭇거렸습니다. 말수가 적은 아이는 부담스러워했습니다. 대충대충 넘기려는 아이도 있었습니다. 수업 진행이 어려울 지경이었습니다.

'아직 익숙하지 않은 탓이야. 머지않아 적극적으로 참여하게 될 거야.'

희망을 갖고 계속 했습니다. 바람과 달리 아이들의 수업 태도는 점점 더 산만해져 갔습니다. 급기야 "선생님! 또 하브루타해요?"라는 소리까지 듣게 되었습니다.

'뭐가 잘못되었을까?' 문제의 원인을 찾기 위해 그동안의 수업 과정에 대해 생각했습니다. 돌아보니, 하브루타를 통해 수업을 잘해야겠다는 욕심이 앞서 있었습니다. 수업의 효과가 금방 나타나기를 기대했습니다. 가장 큰 문제는 저는 물론 아이들 역시 질문으로 나누는 대화가 어색하다는 것이었습니다.

02

하브루타,
일상에서 놀이로 접근하라

　우리나라는 입시 위주의 교육으로 암기를 중요시해 왔습니다. 따라서 질문과 대화를 많이 하는 것을 시간 낭비로 여기는 경향이 있습니다. '정답주의'로 인해 누군가 질문을 하면, 자신의 생각이 정답이 아닐까 봐 선뜻 생각을 표현하지 못합니다. 또한 유교 문화의 영향으로 서열을 중시합니다. 어린아이가 어른 말씀에 질문을 많이 하면 '토를 단다.', '버릇이 없다.'라고 혼나기 쉽습니다. 이로 인해 우리나라 문화는 질문하며 대화하는 것이 어색합니다.

　하브루타는 유대인 문화입니다. 유대민족은 5,000년 전부터 몇 백 년 동안 노예로 살기도 하고 주변국의 침략, 탄압 등으로 고난을 겪었습니다. 서기 70년 로마의 침략으로 예루살렘이 붕괴되고 나라를 잃었습니다. 그 후 유대인은 1948년 이스라엘을 건국하기 전까지 세계 각지에 흩어져 살았습니다. 수많은 침략과 박해 속에서도 그들이 종교와 문화를 잃지 않은 것은 눈에 보이지 않는 보물인 지식과 지혜를 중시했기 때문입니다. 책이나 문서는 빼앗길 수 있습니다. 그래서 그들은 누구에게도 빼앗길 수 없도록 지식과 지혜를 입에서 입으로 전했습니다. 즉 질문하며 대화하는 하브루타로 전한 것입니다. 2,000년 전에 유대인이었던 12살 예수님의 이야기에서 그들의 문화를 엿볼 수 있습니다.

> "사흘 후에 성전에서 만난즉 그가 선생들 중에 앉으사 저희에게 듣기도 하시며 묻기도 하시니 듣는 자가 다 그 지혜와 대답을 기이히 여기더라."
>
> - 「누가복음」 2장 46~47절

여기에서 선생은 랍비입니다. 랍비와 12살 소년이 서로 묻고 대답하는 하브루타의 전형적인 모습입니다. 당시 성전에서의 하브루타는 히브리어 성경을 읽고 이해할 수 있으면 누구나 가능했습니다. 유대인에게 하브루타는 나이와 상관없이 오래전부터 이어져 온 문화입니다. 이러한 문화가 지금의 유대인 교육에도 영향을 미치고 있습니다.

아무리 좋은 교육 방법도 문화 속에서 자연스럽게 이루어져야 빛을 발합니다. 강제로 그 나라의 문화를 역행하여 교육을 실시한다면 당연히 부작용이 나타납니다. 우리와 유대인의 하브루타는 출발부터 문화적 차이가 있습니다. 그러나 좋은 교육 방법을 포기할 수는 없었습니다. 어떻게 하면 아이들이 하브루타를 자연스럽게 할 수 있을까? 방법을 찾아내야 했습니다. 자연스러운 하브루타를 생각하다가 이런 질문을 던지게 되었습니다.

'지금 우리 반 아이들이 일상과 놀이에서 하브루타를 할 수 있을까?'

일상과 놀이에서 하브루타가 자연스럽지 못하다면, 수업에서는 더 어렵기 때문입니다. 일상과 놀이는 아이들의 직접 경험입니다. 수업은 교사에 의한 간접 경험이 포함됩니다. 직접 경험이 간접 경험보다 더 많은 이야기를 쉽게 풀어 갈 수 있습니다. 예를 들면, 아이들은 이야기 속의 콩쥐 엄마보다 자신의 엄마에 대해 쉽고 자세하게 이야기합니다.

하브루타를 일상과 놀이에서 서서히 시작해야 했습니다. 지금까지 수업으로만 하브루타를 열심히 했습니다. 수업에 대한 열정은 바람직했습니다. 그러나 하브루타를 학습의 범주로만 생각했던 것입니다.

03

말하지 않을
자유를 주어라

유아 하브루타의 목적은 무엇일까요? 바로 말문을 여는 것입니다. 자신 있게 생각을 말로 표현하고 자유롭게 궁금한 바를 질문하는 것이죠. 유아 하브루타의 목적은 거창한 것이 아닙니다. 많은 지식을 쌓고 어려운 주제로 반박하면서 토론하는 게 목적이 아닙니다. 거창한 목적을 세워서도 안 됩니다. 어른들이 욕심을 갖는 순간, 아이들은 조기 및 과잉 교육에 내몰리게 됩니다.

물론 하브루타는 질문으로 나누는 대화로 문제 해결 능력, 비판적 사고력, 소통력, 협력심, 창의성을 길러 줍니다. 그러나 이러한 능력은 아이들이 말문을 열 때 자연스럽게 길러지는 것입니다.

'놀이 속에서 자연스럽게 하브루타를 하자.'

'아이 자체에 관심을 갖고 일상에서의 질문과 대화를 하자.'

'하브루타 수업에 대한 욕심을 버리자! 보여 주기식 교육은 하지 말자.'

'아이들이 자유롭게 질문하고 대화하는 것 그리고 그 과정 자체를 중요하게 생각하자.'

말문을 열 수 있도록 생각을 말로 표현하고 질문할 기회를 주면 됩니다. 질문했을 때 아이가 대답하지 않을 수 있습니다. 짝 하브루타할 때에도 말하지 않을 수 있습니다.

'말하지 않을 자유'를 줄 수 있을까요? 그렇습니다. 아이에게 말하지 않을 자유를 주어야 합니다. 다만 말하지 않은 이유에 대해서 관심을 가져야 합니다. 그리고 생각을 말할 때까지 기다려 주어야 합니다. 교사는 이러한 마음의 준비가 되었을 때 하브루타를 시작해야 합니다.

04

일상 하브루타부터
시작하라

마음에 여유를 갖고 다시 하브루타를 시작했습니다. 처음에는 아이들이 즐겁게 유치원에 적응하는 데 초점을 맞췄습니다. 등원에서부터 하원까지 일상 하브루타를 했습니다. 우선 아이들이 '질문'에 익숙해지도록 일상에서 소소한 질문을 자연스럽게 했습니다. 예를 들면 등원 시간에 다음과 같은 일상 하브루타를 나눴습니다.

교사 : 어제 에버랜드 잘 다녀왔니? 뭐가 제일 재미있었니?

경진 : 불꽃놀이랑 영화가 재미있었어요. 선생님! 어제 에버랜드 생일이었어요.

교사 : 그래? 에버랜드 생일인데 너는 에버랜드한테 선물 줬니?

경진 : 아니요. (재미있다는 듯이 웃음) 동생이 동그란 것, 빙빙 도는 것 타면서 울었어요.

교사 : 그래? 그것 이름이 뭐였더라. 정글 같은 곳에 있는 거잖아.

경진 : 나는 아는데……. 브라질에 있는 강 이름이에요. 뭐게요?

질문이 질문으로 돌아왔습니다. 일상 하브루타를 나누다 보면 아이들에게 질문을 받을 때가 많아집니다. 아이가 질문한다는 것은 그만큼 사고의 성장을 이루었다는 의미입니다.

자유 선택 활동 시간에 나누는 일상 하브루타는 다른 활동으로 전개되기도 합니다. 「도리를 찾아서」라는 만화영화가 상영 중이던 시기였습니다.

제이 : 선생님! 어제 「도리를 찾아서」 영화 봤어요.

교사 : 재미있었니?

제이 : 네!

교사 : 도리는 어떻게 생겼니?

갑자기 영화를 보고 온 아이가 도리를 그리기 시작했습니다. 도리가 어떻게 생겼는지 알려 주기 위해서입니다. 서서히 다른 아이들이 몰려오고 바닷속 물고기 그리기 대화가 열렸습니다. 도리의 생김새에 대한 일상 하브루타가 미술 활동으로 전개된 것입니다.

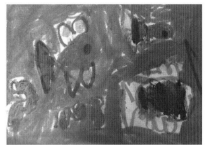

일상 하브루타

점심시간에는 음식에 대한 질문으로 하브루타도 했습니다.

"이 음식을 먹어 본 적이 있니?"

"어디서 먹어 보았니?"

"맛이 어땠니?"

이렇듯 음식에 대한 질문은 편식 지도에도 도움이 됩니다. 일상 하브루타가 자연스러워질 때쯤, '주말에 있었던 일'로 하브루타 수업을 시작했습니다. 매주 월요일마다 주말에 있었던 일을 그림일기로 표현합니다. 그림일기로 2가지의 하브루타 수업을 격주로 진행했습니다.

첫째는 그림일기로 짝이랑 이야기를 나누는 짝 하브루타입니다. 짝이랑 자신의 그림일기를 보며 주말에 무엇을 했는지, 무엇을 그렸는지, 그때 기분이 어땠는지 이야기를 나눕니다. 짝 하브루타로 '주말에 있었던 일'을 이야기하게 하면 한 아이가 발표할 시간에 모든 아이가 짝에게 자신의 이야기를 할 수 있습니다. 또한 짝 하브루타를 긴 시간 동안 적극적으로 이어 갈 수 있습니다. 직접 경험한 것을 그림으로 표현한 후 다시 말로 표현하기 때문입니다.

둘째는 친구의 그림일기 발표를 듣고 궁금한 것을 질문하는 질문 하브루타입니다. 대그룹 또는 소그룹으로 모인 후 2~3명의 친구가 자신의 그림일기를 친구들에게 들려줍니다. 나머지 아이들은 친구의 이야기 또는 그림을 보면서 궁금한 것을 손들고 물어봅니다. 이렇게 친숙한 이야기로 궁금한 것을 물어보는 경험은 질문에 대한 두려움을 없애 줍니다.

짝 하브루타와 질문 하브루타

05

누리과정으로
놀이 하브루타하기

누리과정을 진행하면서 다양한 활동에 '놀이 하브루타 수업 모형'을 적용하여 실시했습니다. 전성수(2012)의 하브루타 수업의 일반적 모형은 다음과 같습니다.

하브루타 수업의 일반적 모형을 유아 발달에 적합하게 다음과 같이 응용·확장해 적용합니다. 유아기는 오감각을 통한 놀이와 직접 경험을 통

해 지식을 구성하는 시기입니다. 따라서 아이들은 자신의 생각과 느낌이 글자, 그림, 몸짓 등 표현적 놀이 과정(표현 하브루타)으로 전개될 때 수업 과정에 능동적으로 참여하게 됩니다. 다음과 같은 표현 하브루타를 포함한 놀이 하브루타 수업 모형(채명희)을 제1차 하브루타학회에서 발표했습니다.

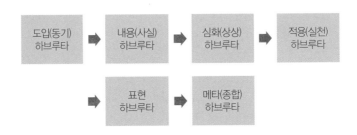

내용에 따른 하브루타 종류

• **도입(동기) 하브루타** : 동영상, 사진, 그림 자료, 수수께끼 등으로 주의를 집중시키고 동기를 유발하는 활동과 질문입니다.

• **내용(사실) 하브루타** : 내용에 입각한 질문입니다. 예를 들면, 육하원칙 (언제, 어디서, 누가, 무엇을 어떻게, 왜)에 따른 질문입니다.

• **심화(상상) 하브루타** : 가정법(만약 ~라면)을 사용한 상상 질문, 내용 속에 감추어진 이유와 감정, 생각(유추 질문), 옳고 그름과 관련된 가치(가치 질문), 비교(비교 질문) 또는 새롭게 제시되는 질문(문제 제기 질문) 등의 심화 질문입니다.

예를 들면, '왜 그랬을까? 어떤 마음일까?'(유추 질문), '그것은 옳은가?

잘못되었는가? 그렇게 생각하는 이유는 무엇인가?'(가치 질문), '같은 점은 무엇인가? 다른 점은 무엇인가?'(비교 질문), '또 어떤 점이 궁금한가? 무엇이 문제가 될까? 바꾸고 싶은 내용이 있는가?'(문제 제기 질문), '어떻게 해야 할까? 가장 좋은 방법은 무엇일까? 더 좋은 방법은 없는가?'(문제 해결 질문) 등입니다.

- **적용(실천) 하브루타** : 현실의 경험과 연관된 질문, 실천과 관련된 질문입니다. 예를 들면, '비슷한 경험이 있는가?', '언제, 어디서, 어떻게 실천할 것인가?' 등입니다.

- **표현 하브루타** : 자신의 생각과 느낌을 글, 그림, 신체, 놀이 등으로 다양하게 표현하는 표현적 놀이 과정입니다.

- **메타(종합) 하브루타** : 종합하고 정리 또는 사고를 확장하는 질문입니다. 예를 들면, '가장 생각나는 것은 무엇인가?', '어떤 점을 느끼게 되었는가?' 등입니다.

형태에 따른 하브루타 종류

- **짝 하브루타** : 2명이 짝이 되어 질문하고 대화하는 것입니다.
- **모둠 하브루타** : 3~6명이 모둠이 되어 질문하고 대화하는 것입니다.
- **전체 하브루타** : 교사와 전체 유아가 질문하고 대화하는 것입니다.

수업 과정에서 하브루타의 형태(전체·짝·모둠 하브루타) 중 적절한 것을 선택하여 진행합니다. 짝·모둠 하브루타 전에 충분히 전체 하브루타로 질문에 대한 생각을 함께 나누면 효과적입니다. 왜냐하면 전체 하브루타를 통해 친구들의 생각을 들으면서 자신의 생각을 정리할 수 있기 때문입니다.

또한 모둠 하브루타보다 짝 하브루타로 진행하면 더욱 좋습니다. 모둠 하브루타보다 짝 하브루타를 할 때 개별적으로 말할 기회와 시간이 많아져서 대화에 소외되는 일이 없기 때문입니다.

06

유아 발달에 따른
놀이 하브루타

놀이 하브루타 수업 모형을 활동의 중심에 따라 다음과 같은 수업 과정으로 적용합니다.

일반적 놀이 하브루타 수업 과정
누리과정의 다양한 활동 형태(문학 활동, 이야기 나누기, 미술 활동, 신체 표현 등)를 놀이 하브루타 수업 모형에 적용하여 진행하는 과정입니다.
① 친숙한 노래 또는 손 유희로 주의 집중
② 동영상, 사진, 그림 자료, 수수께끼 등을 통한 도입(동기) 하브루타
③ 사실적 내용에 대한 내용(사실) 하브루타

④ 상상, 유추, 가치, 문제 제기 등으로 내용을 심화하는 심화(상상) 하브루타

⑤ 실생활에서의 적용 방안을 생각해 보는 적용(실천) 하브루타

⑥ 자신의 생각과 느낌을 표현하는 표현 하브루타

⑦ 교사와의 쉬우르(교사가 전체 하브루타를 통해 수업 내용을 정리하는 것)를 통한 메타(종합) 하브루타

표현 중심 놀이 하브루타 수업 과정

표현 활동을 중심으로 수업할 때 적용하는 과정입니다.

① 친숙한 노래 또는 손 유희로 주의 집중

② 동영상, 사진, 그림 자료, 수수께끼 등을 통한 도입(동기) 하브루타

③ 표현 활동과 관련된 질문으로 (전체·모둠·짝) 하브루타

④ 표현 하브루타 결과물로 (짝·모둠) 하브루타

⑤ 자신 또는 짝의 표현 하브루타 결과물에 대해 발표하기

⑥ 친구가 발표한 표현 하브루타 결과물에 대해 궁금한 것 질문하기

⑦ 교사와의 쉬우르를 통한 메타(종합) 하브루타

비교 중심 놀이 하브루타 수업 과정

2가지 이상의 명화 또는 사진과 이야기 등을 이용한 비교 활동을 중심으로 수업할 때 적용하는 과정입니다.

① 친숙한 노래 또는 손 유희로 주의 집중

② 동영상, 사진, 그림 자료, 수수께끼 등을 통한 도입(동기) 하브루타

③ 같은 점, 다른 점에 대해 (전체·모둠·짝) 하브루타

④ 자신 또는 짝의 생각 발표하기

⑤ 친구의 발표에 대해 궁금한 것 질문하기

⑥ 교사와의 쉬우르를 통한 메타(종합) 하브루타

서로 설명(친구 가르치기) 중심 놀이 하브루타 수업 과정

내용 이해를 위한 설명을 중심으로 수업할 때 적용하는 과정입니다.

① 친숙한 노래 또는 손 유희로 주의 집중

② 동영상, 사진, 그림 자료, 수수께끼 등을 통한 도입(동기) 하브루타

③ 동화 및 다양한 주제에 관한 이야기 나누기

④ 기억나는 것 이야기 나누기, 가장 재미있는 것 이야기 나누기 등 서
   로 설명하기 (모둠 또는 짝) 하브루타

⑤ 자신 또는 짝의 생각에 대해 발표하기

⑥ 친구의 발표에 대해 궁금한 것 질문하기

⑦ 교사와의 쉬우르를 통한 메타(종합) 하브루타

질문 중심 놀이 하브루타 수업 과정

질문 만들기를 중심으로 수업할 때 적용하는 과정입니다. 일반적 놀이
하브루타 수업 과정을 통해 다양한 질문을 접한 후 적용하면 좋습니다.

① 친숙한 노래 또는 손 유희로 주의 집중

② 동영상, 사진, 그림 자료, 수수께끼 등을 통한 도입(동기) 하브루타

③ 어떤 주제(동화, 명화 등)에 대한 내용(사실) 하브루타

④ 궁금한 점을 질문으로 만드는 질문 하브루타

⑤ 하브루타하고 싶은 최고의 질문 선택하기

⑥ 최고의 질문으로 (전체·모둠·짝) 하브루타하기

⑦ 교사와의 쉬우르를 통한 메타(종합) 하브루타

이와 같은 다양한 놀이 하브루타 수업은 유아 발달 특징에 맞게 적용합니다.

■ 유아기 발달 특징에 따른 놀이 하브루타 수업의 방향

발달 영역	유아기 발달 특징	놀이 하브루타 수업의 방향
인지 발달	피아제의 의하면, 구체물에 의한 오감각을 통해 인지가 발달하는 전조작기에 해당함. 자기중심적 사고, 물활론적 사고, 마술적 사고 등의 독특한 인지 발달 특징을 보임.	-직접 경험하고 체험할 수 있는 하브루타 수업 -다르게 생각해 보며 상상할 수 있는 창의적인 하브루타 수업
신체 발달	운동 발달에서 가장 급격한 발달 속도를 보이는 중요한 시기	신체 활동, 바깥놀이 등에서 할 수 있는 활동적인 하브루타 수업
정서 및 사회성 발달	기본 정서를 경험하고 타인의 정서를 이해할 수 있게 됨. 혼자놀이에서 병행, 연합, 협동 놀이로 변화되어 사회적 상호 작용이 활발하게 진행되는 시기	조망 수용 능력과 사회적 상호 작용을 기를 수 있는 짝 또는 모둠 하브루타와 같은 사회적인 하브루타 수업
언어 발달	자신의 생각과 경험을 일상적인 언어로 표현함. 그러나 추상적인 언어를 원활하게 사용할 수 없음. 또한 글씨 쓰기에 관심을 가지는 시기 (한글은 초등학교 교육 과정임)	언어, 조형, 몸짓 등으로 표현할 수 있는 표현 하브루타 수업

하브루타 수업 과정 중 짝 하브루타는 모든 아이가 짝에게 자신의 생각을 언어로 표현하는 시간입니다. 이때 기본 문장을 예시로 제시해 주면 좋습니다. 개별적으로 차이가 있지만 유아기는 추상적인 언어 사용과 문장 구성 능력이 부족한 시기입니다. 문장으로 생각을 표현하라고 하면 어려워하는 아이들이 있습니다. 기본 문장을 제시해 주면, 아이들이 좀 더 쉽게 자신의 생각을 문장으로 표현하게 됩니다. 기본 문장은 꼭 사용하지 않아도 됩니다. 단지 아이들이 문장을 쉽게 구성할 수 있도록 돕기 위해서입니다.

07

짝이랑 생각 시소 타기 하브루타

짝 하브루타를 할 때 짝의 이야기를 집중해서 듣고 궁금한 것을 질문하는 것이 중요하다는 것을 알려 주어야 합니다. 이때 '시소' 사진을 가지고 이야기를 나누면 좋습니다. 시소는 2명 이상 있어야 탈 수 있습니다. 하브루타도 마찬가지입니다. 시소는 서로 발을 구르며 탑니다. 하브루타도 대화를 주고받아야 합니다. 친구가 물어보면 답하고, 답한 친구의 이야기를 듣고 또 궁금한 것을 질문합니다. 시소를 타고 내릴 때는 서로를 배려해야 합니다. 갑자기 한 명이 말도 없이 내리면 다른 한 명이 엉덩방아를 찧을 수 있습니다. 하브루타도 시소처럼 서로를 배려하며 예의를 지켜야 합니다. 친구가 이야기할 때 딴짓을 하거나 친구의 이야기가 끝나기 전에 끼어들지 않아야 합니다.

■ 하브루타의 과정(짝이랑 생각 시소 타기)

생각 시소 앉기

눈을 맞추고 짝과 인사하기
('안녕?', '반가워.')

생각 시소 출발

누가 먼저 시작할지 순서 정하기
('너 먼저 해.', '가위바위보' 등)

생각 시소 타기

눈을 맞추고 생각과 느낌을 이야기하기
(이야기 듣고 궁금한 것 질문하기,
질문을 듣고 대답하기)

생각 시소 내리기

눈을 맞추고 짝이랑 인사하기
('안녕?', '잘 가.' 등)

짝 하브루타를 하면서 재밌고 어려웠던 점을 이야기 나눈 후 짝 하브루타 약속을 만들었습니다. 짝 하브루타 약속을 만들면 재미있습니다.

1번부터 4번까지는 아이들이 약속으로 정했습니다. 짝 하브루타할 때의 태도에 대해 생각해 보는 소중한 시간이었습니다. 5번은 제가 '이렇게 해 보면 어떨까?' 하고 약속으로 제시한 것입니다. 함께 약속을 만들고 나니 아이들의 태도가 달라지기 시작했습니다.

08

질문이 있는
교실

일상, 놀이, 수업에서 자연스럽게 질문을 접하게 했습니다. 그다음에 '질문 중심 놀이 하브루타 수업'을 실시했습니다. 특히 다양한 수업 과정에서 질문(내용·심화·적용·메타)을 활용했습니다. 아이들이 추상적인 질문의 종류를 이해하고 활용하기는 어렵습니다. 아이들은 다양한 질문을 경험으로 이해하고 사용할 수 있습니다. 유아기는 경험을 통해 배우는 시기이기 때문입니다.

'질문 중심 놀이 하브루타 수업'은 직접 질문을 만들어 보는 수업입니다. 대집단(전체) 또는 소집단(5명~6명)으로 다음과 같이 진행합니다.

첫째, 동화, 명화, 사진 등의 자료로 이야기를 나눕니다.

둘째, 충분히 내용을 이해하도록 돕습니다. 예를 들면, 내용에 대한 OX 퀴즈, 내용에 맞는 그림이나 사진 찾기, 동화 속 장면을 일어난 순서로 놓아 보기 등의 활동을 합니다.

셋째, 내용 속에서 궁금한 것을 질문하도록 합니다. "궁금한 것이 있니? 무엇이 궁금하니?" 하고 자연스럽게 물어봅니다.

넷째, 궁금한 것을 이야기하면 무엇이든 교사가 적어 줍니다. "그래? 그런 것이 궁금했구나!", "또 무엇이 궁금하니?" 하고 포용적인 분위기에서 다양하게 질문할 수 있도록 칭찬해 주고 격려해 줍니다. 유의할 점은 유아에게 질문을 직접 쓰게 하는 활동은 하지 않는 것입니다. 유아기는 한글에 관심을 갖는 시기입니다. 한글 쓰기는 초등학교 교육 과정입니다. 글쓰기가 어려운 아이에게 질문을 쓰라고 해서 수업에 흥미와 자신감을 잃게 해서는 안 됩니다.

다섯째, 교사는 아이들이 만든 질문의 종류가 다양한지 살펴보고 보충해 줍니다. 내용과 상상 질문은 많은데, 적용 질문이 없다면 적용 질문을 추가해 줍니다. 예를 들면, 개미에 관한 질문 중심 놀이 하브루타 수업을 했을 때 다음과 같은 질문을 만들었습니다.

- 개미는 어디에서 살까?
- 개미는 다리가 몇 개일까?
- 개미는 무엇을 먹을까?
- 개미도 가족이 있을까?
- 내가 만약 개미처럼 작아진다면?

아이들은 다양한 내용 질문과 상상 질문을 만들었습니다. 유아기에 옳고 그름에 대한 가치 질문, 현재와 연결된 적용 질문, 실천 질문 등을 만들기는 어렵습니다. 교사는 생각을 깊게 하고 행동을 변화시킬 수 있는 심화 질문을 추가합니다.

- 개미를 밟아도 될까? 왜 안 될까?
- 개미를 만나면 어떻게 해야 할까?

여섯째, 함께 만든 질문을 가지고 확장된 수업을 합니다. 직접 만든 질문으로 다양한 생각과 느낌을 나눕니다. 이때 표현 가능한 상상 질문으로 표현 하브루타를 하면 재미있습니다. 예를 들면, '개미 가족 그리기', '내가 만약 개미처럼 작아진다면 가고 싶은 곳' 등의 질문으로 표현 중심 놀이 하브루타 수업을 진행합니다.

09

하브루타가 불러온
변화의 바람

2학기가 되자 변화의 모습이 눈에 띄었습니다. 1학기 때 소극적이던 아이들이 생각을 표현하기 위해 손을 들기 시작한 것입니다. 발표에 적극적으로 참여하는 아이가 1학기에 비해 2~3배로 늘어났습니다.

9월 말에 예절교육관 강사가 '전통차 마시기' 교육을 했습니다. 다양한 전통차 종류에 대해 이야기를 나누었습니다. "저요!", "저요!" 아이들이 너도 나도 손을 들었습니다. 녹차, 우렁차, 보리차, 생강차, 오미자차, 사과차, 딸기차 등 다양한 차 종류를 거침없이 이야기했습니다. 강사는 아이들의 다양한 발표에 놀란 듯 말했습니다.

"선생님이 교육을 많이 하는데 이렇게 다양한 차 종류를 들은 건 처음이란다."

놀이 하브루타 수업은 소극적이던 아이들에게 생각을 표현할 기회를 많이 줍니다. 전체 하브루타를 통해 다양한 질문이 자유롭고 포용적인 분위기 속에서 계속적으로 제시되기 때문입니다. 전체 하브루타에서 발표하지 못해도 짝 또는 모둠 하브루타를 통해 자신의 생각을 표현할 기회가 주어집니다.

질문 중심 놀이 하브루타 수업에도 변화가 나타났습니다. 1학기에는 동화로 6~7개의 질문을 만들었는데, 11월이 되자 13~14개의 질문을 만들었습니다. 아이들의 질문을 받아 적을 공간이 부족할 정도였습니다. 아이들은 어느새 다양한 질문을 자연스럽게 만들고 있었습니다.

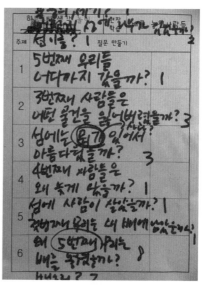

1학기에 만든 질문

2학기에 만든 질문

10

하브루타 교사의 역할은 무엇인가?

'놀이 하브루타' 강의 요청으로 강의 준비를 한 적이 있습니다. 우선 하브루타 수업을 촬영했습니다. 교실 뒤쪽에 비디오를 설치한 후 전체적인 수업을 촬영했습니다. 수업 중 짝 하브루타하는 모습은 핸드폰으로 촬영했습니다.

수업을 마친 후 자체 평가를 위해 비디오를 확인해 보았습니다. 비디오 속에는 핸드폰으로 촬영하는 제 모습까지 고스란히 담겼습니다. 짝이랑 손 치기, 발 치기를 하며 장난하는 아이들, 서로 토라져서 말을 하지 않는 아이들의 모습도 담겼습니다. 주변의 아이들은 딴짓에 열심이었습니다. 그러나 비디오 속의 교사는 그런 아이들에게는 관심이 없었습니다.

핸드폰으로 짝 하브루타를 잘하는 모습만 담기 위해 열중이었습니다.

"내가 지금 뭐하는 거지? 보여 주기식 강의만 하면 되는 것인가?"

"하브루타가 잘하는 몇 명의 아이만을 위한 수업인가!"

비디오 속의 교사인 제 모습을 보면서 저는 하브루타 수업 중 교사의 역할에 대해 관심을 갖게 되었습니다. 놀이 하브루타 수업을 할 때 교사는 어떤 역할이어야 할까요?

첫째, 생각을 말로 이끌어 내고 다른 사람의 말을 경청하는 태도를 길러 줘야 합니다. "생각을 말해 봐."라는 말보다 "생각하고 말해 봐.", "선생님 이야기를 잘 들어 봐."보다 "선생님 이야기를 잘 듣고 네 생각을 말해 봐."라는 언어를 사용합니다. 작은 차이인 것 같지만 무작정 말하는 것이 아니라 생각한 후에 말하게 도와줍니다. 또한 다른 사람의 말을 단순히 듣는 것이 아니라 경청한 후에 생각을 말하는 태도를 길러 줍니다.

둘째, 아이들에게 생각할 시간을 줍니다. 예를 들면, "선생님이 다섯까지 숫자를 셀게요. 생각해 보세요."라고 말한 후 손가락을 구부리며 숫자를 세면서 생각할 시간을 줍니다. 다섯까지 센 후 발표 또는 짝 하브루타를 하게 합니다.

셋째, 질문의 유형(내용, 상상, 심화, 적용, 종합)을 다양하게 활용하여 창의성 및 비판적 사고력, 질문하는 능력을 길러 줍니다.

넷째, 어떤 대답과 질문도 수용하여 많은 아이가 참여하도록 유도합니다. "그래", "그렇게 생각했구나." 하고 구체적으로 아이의 답변을 언급하면서 아이의 생각을 인정해 줍니다. 엉뚱한 대답에도 그렇게 생각한 이유에 관심을 갖습니다. "왜 그렇게 생각했니?" 친구와 동일한 대답에는 누구나 같은 생각을 할 수 있다고 인정해 줍니다. "그래, 너도 같은 생각을 했구나!", "그 이유는 무엇이니?" 답은 같지만 이유는 다를 수 있습니다.

다섯째, "또?", "다른 생각은 없니?" 하고 다양한 생각을 유도합니다.

여섯째, "OO가 나와서 카드를 골라 보자", "OO가 나와서 자료를 붙여 보자."라며 발표에 소극적이거나 집중하지 못하는 아이의 참여를 유도합니다.

일곱째, 짝 하브루타를 할 때 소극적으로 참여하는 아이에게 다가가 "왜 이야기를 안 하니?", "선생님이랑 같이 할까?" 하고 이유를 알아보고 도와줍니다.

여덟째, "이야기를 나누었니?" 하고 물어보며 짝 하브루타를 했는지 관심을 갖습니다.

모든 아이가 수업에 적극적으로 참여할 수 있는 방법은 무엇일까요? 자발적으로 손을 드는 아이는 발표할 기회를 주면 됩니다. 그러나 발표에 소극적이거나 집중하지 못하는 아이도 있습니다. 이런 아이에게는 카드 뽑기, 자료 붙이기 등의 참여 기회를 줍니다. 이러한 기회를 통해 참여도가 높아지고 발표를 할 수 있는 용기도 얻게 됩니다.

예를 들면, 동화를 들려준 후 "동화 속에는 누가 나왔니?" 하고 질문을 합니다. 아이들이 손을 들어 발표하기 시작합니다. 가능한 한 많은 아이에게 골고루 발표할 시간을 줍니다. 또한 발표하지 않던 아이가 손을 들고 이야기하면 발표를 하게 된 용기를 칭찬해 줍니다.

그다음에 등장인물 자료를 융판에 붙이는 활동을 합니다.

"누가 한번 붙여 볼까?" 대부분의 아이는 나와서 참여하는 활동을 하고 싶어 합니다. 교사는 발표를 하지 않은 아이, 집중하지 않는 아이들을 유심히 관찰한 후 융판에 붙일 수 있는 기회를 줍니다.

또한 짝 하브루타에 소극적으로 참여하는 아이에게 교사가 보이는 관심이 중요합니다. 짝이랑 이야기를 나누지 않는 이유는 여러 가지가 있습니다. 한 번은 짝 하브루타를 하라고 했더니, 서로 등을 지고 앉아 있는 아이들이 있었습니다. 다가가서 이유를 물어보았습니다.

"선생님! 짝꿍이 자꾸 몸을 흔들면서 쳐서 기분이 나빠요."

서로 기분이 어떨지 이야기를 나눈 후에 사과를 하는 시간을 가졌습니다. 짝 하브루타를 하기 이전에 짝과의 관계가 중요합니다. 어른도 싫은 사람과는 대화하기 싫은 것처럼 아이도 마찬가지입니다. 마음에서 불편하고 싫은 친구와는 하브루타도 하기 싫습니다. 그럴 때는 먼저 교사가 관계를 회복하는 데 도움을 주어야 합니다.

짝꿍이 아무런 이야기를 하지 않는 일도 있었습니다.

"선생님! 지희가 이야기를 안 해요."

다가가서 이유를 물었습니다. 그러나 무슨 이유인지 굳은 표정으로 아무런 대답도 하지 않았습니다.

"지희가 이야기를 같이 안 해서 속상하구나. 그런데 지금 지희가 속상한 일이 있나 봐! 다음에는 이야기할 거야."

수업이 끝난 후에 지희와 단둘이서 왜 그랬는지 이야기를 나누었습니다. 지희는 수업을 시작하기 전에 짝꿍이 아닌 다른 친구에게 속상한 일이 있었습니다. 그 일이 풀리지 않아서 화가 났고 화가 나서 아무하고도 이야기하고 싶지 않았던 것입니다.

짝 하브루타를 하지 않는 이유는 여러 가지입니다. 짝 하브루타를 할 수도 있고 하지 않을 수도 있습니다. 중요한 것은 짝 하브루타에 참여했는지 교사가 관심을 갖고 그 이유를 물어보는 것입니다. 참여하지 않은 이유를 알아내고 다음에는 더 잘 참여할 수 있도록 도와야 합니다.

하브루타가 질문의 대화를 유창하게 하는 몇 명의 엘리트를 위한 교육이 되지 않기를 바랍니다. 현실적으로 모든 아이가 하브루타 수업에 적극적으로 참여하는 것은 어렵습니다. 발달은 개별적이기 때문입니다. 그러나 하브루타 교사라면, 단 한 명이라도 놓치지 않고 관심을 가져야 합니다. 참여를 이끌기 위해 문제점이 무엇인지 생각해 보고 끊임없이 자신의 수업을 연구해야 합니다.

11

숨겨진
보물찾기

놀이 하브루타의 효과가 바로 나타나기는 어렵습니다. 사회적 구성주의자이자 유대인이었던 비고츠키는 "교수 학습이 발달보다 선행돼야 한다.", "교수 학습이 발달보다 한 단계 앞서 있을 때 학습자가 근접 발달영역에 있게 된다."라고 말했습니다.

이는 결코 선행 및 조기 학습을 하라는 의미가 아닙니다. 선행 및 조기 학습은 발달보다 몇 배 더 앞선 교육이므로 근접 발달 영역을 벗어난 교육입니다. 근접 발달 영역이란 발달보다 한 단계 앞선, 실제적 발달 수준과 잠재적 발달 수준 사이의 거리입니다. 근접 발달 영역에서 학습자가 교수자와 역동적인 사회적 상호 작용을 하게 되면, 깨달음의 순간이 오게 됩니다.

비고스키는 이를 '아하, 경험의 순간'이라고 했습니다. 현재적 발달 수준이 잠재적 발달 수준으로 올라가는 것입니다. '아하, 경험의 순간'은 개인마다, 발달 영역마다 다릅니다. 교육의 효과가 나타나지 않아도 실망할 필요가 없습니다. 오늘 한 교육의 효과가 1년 후에, 2년 후에 나타날 수도 있습니다.

교사가 아이의 근접 발달 지대를 파악한 후 인내심을 갖고 역동적인 사회적 상호 작용 속에 있는 것이 중요합니다. 사회적 상호 작용은 무엇으로 가장 많이 나타날까요? 서로가 주고받는 대화입니다. 더 나아가 질문하고 토론하고 논쟁하는 하브루타입니다.

비고스키의 '아하, 경험의 순간'은 '숨겨진 보물을 찾는 순간'입니다. 아이들의 잠재적 발달 수준, 즉 잠재력은 숨겨진 보물과 같습니다. 아이들에게는 숨겨져 있어 보이지 않지만 저마다의 보물이 존재합니다. 교사와 부모는 아이들과의 역동적인 사회적 상호 작용 속에서 '숨겨진 보물'을 찾는 사람입니다.

아이들마다 갖고 있는 잠재력, 즉 보물의 크기, 모양, 숨겨져 있는 깊이가 모두 다릅니다. 어떤 아이의 보물은 땅 가까이 있어 빛이 나며 보이기 시작합니다. 또 어떤 아이의 보물은 땅속 깊이 숨어 있어 당장은 보이지 않을 수 있습니다. 그러나 '아하' 하면서 깨달음이 오는 순간, 숨겨진 보물이 빛나는 날이 언젠가는 올 것입니다.

하브루타로 인내하며 '아하, 경험의 순간'을 기다릴 때, 포기하지 않고 '숨겨진 보물'을 찾아갈 때 변화가 시작됩니다. 욕심을 버리고 아이들과 소소한 이야기부터 차분하게 주거니 받거니 시작하면 됩니다. 일상에서 경험하는 작은 것부터 차분하게 하브루타하면 됩니다. 일상 하브루타가 자연스러워지면 동화, 탈무드, 명화 등을 통한 다양한 놀이 하브루타가 즐거워집니다.

친구랑 함께 질문하고
이야기할래요!

교실에서 하는 유아 하브루타 HOW

01

탈무드
놀이 하브루타

탈무드는 1,500년 동안 말로써 전해 오던 토라의 내용을 기록한 것입니다. 토라는 모세가 시내산에서 신의 계시로 쓴 모세 오경(『구약성경』 중 「창세기」, 「출애굽기」, 「레위기」, 「민수기」, 「신명기」)입니다. 토라는 하나님이 세상을 어떻게 창조했으며 하나님의 선택된 백성이 어떻게 살아가야 하는지 알려 주는 책입니다. 그러나 신의 계시는 너무 어려웠습니다. 그래서 토라를 이해할 수 있도록 쉽게 설명한 이야기들이 탈무드입니다.

1,500년간 구전되어 내려온 탈무드는 삶의 지혜로 가득합니다. 유대인들은 평생 탈무드로 하브루타를 합니다. 지금도 탈무드는 계속 쓰여지고 있습니다. 유대인들은 탈무드를 읽고 그 속에서 삶의 태도를 배우고 익

히며 그들의 삶에 창조적으로 적용하여 실천합니다. 탈무드는 단순한 옛날이야기가 아닙니다. 지금, 여기에서의 삶의 지혜가 숨겨져 있습니다. 그 지혜의 보물을 찾으면 현재의 문제에 대한 해답을 찾을 수 있습니다.

- **준비물 :** 탈무드 이야기, 활동지
- **놀이 효과 :** 비판적 사고력 쑥쑥! 창의성 팡팡! 소통 뽀송뽀송!

① **'장님의 등불' 탈무드 이야기를 듣고 내용 · 심화 · 적용 하브루타를 합니다.**

– 장님은 누구를 위해 밤에 등불을 가지고 다녔나요?

– 장님은 어떤 사람인 것 같나요?

– 등불 대신 어두움을 밝힐 수 있는 물건은 뭐가 있을까요?

– 장님처럼 내가 다른 사람을 위해 한 일이 있나요? (가정에서, 교실에서)

– 어떤 모양의 등불을 가지고 다니고 싶나요?

② **생각과 느낌을 글 또는 그림, 조형으로 표현 하브루타를 합니다.**

– 내가 가지고 다니고 싶은 등불 표현 하브루타

③ 짝의 이야기를 발표한 후 메타(종합) 하브루타를 합니다.

– 짝꿍은 어떤 등불을 그렸나요? 왜 그런 등불을 갖고 다니고 싶다고 했나요?

– 이야기 중 무엇이 가장 기억에 남나요?

02

주제별 이야기
놀이 하브루타

놀이 하브루타는 특별한 동화나 명화가 있어야만 할 수 있는 수업이 아닙니다. 언제 어디서나 할 수 있습니다. 누리과정의 생활 주제는 아이들의 가까운 경험에서 먼 경험으로 생활 주제를 다룹니다. 예를 들면 '나→가족→우리 동네→우리나라'로 주제를 넓혀 나가도 됩니다. 이는 듀이의 "아이들은 경험으로부터 배운다."라는 경험주의에서 영향을 받았습니다.

1년 열두 달 동안 아이들은 자신으로부터 가족, 지역 사회, 우리나라 등 세상을 배워 나갑니다. 주제에 대한 다양한 이야기를 나누면 발표력이 좋은 몇 명의 아이만 자신의 생각을 발표하게 됩니다. 짝 하브루타로 한 아이가 발표할 시간에 모든 아이가 말문을 열 수 있습니다. 단 한 명도 소외되지 않는 교육을 놀이 하브루타로 시작할 수 있습니다.

- **준비물 :** 생활 주제별 이야기 나누기 자료, 하브루타 예시 문장
- **놀이 효과 :** 비판적 사고력 쑥쑥! 창의성 팡팡! 소통 뽀송뽀송! 협력 무럭무럭!

① '건강과 안전' 생활 주제에서 '몸에 좋은 음식과 나쁜 음식'을 주제로 이야기를 나눕니다.

– 몸에 좋은 음식은 무엇일까요? 왜 좋을까요?

– 몸에 나쁜 음식은 무엇일까요? 왜 나쁠까요?

② 함께 나쁜 음식에 대해 이야기를 나눈 후에 하브루타 예시 문장을 제시해 줍니다. 특별한 하브루타 표시, 구호를 해 주어도 좋습니다.

구호 예시)

– 짝꿍을 보세요→네네 선생님!.

– 하브루타하세요→네네 선생님!

예시 문장)

– 나는 ○○음식이 몸에 나쁠 것 같아. 왜냐하면……

③ 짝 하브루타로 짝꿍이랑 생각을 이야기 나눕니다.

– 나는 아이스크림이 나쁜 음식인 것 같아. 왜냐하면 이빨이 썩잖아.

– 나는 햄버거가 나쁜 음식인 것 같아. 왜냐하면 뚱뚱해지잖아.

④ 몸에 좋은 음식으로 건강밥상을 차려 봅니다.

– 여기 몸에 좋은 음식과 나쁜 음식이 있어요.

– 몸에 좋은 음식으로 건강밥상을 차려 볼까요?

03

꼬마 화가
놀이 하브루타

파블로 피카소는 "모든 아이는 본래 화가이다. 문제는 어떻게 하면 나이를 먹어서도 화가로 남아 있느냐이다."라고 말했습니다. 모든 아이가 화가로 남을 수 있도록 하브루타하며 화가가 되어 봅니다. 재미있는 질문을 여기저기 숨겨 놓아 보세요. 보물찾기처럼 아이랑 찾아봐도 재미있습니다. 질문에 대한 생각을 도란도란 나눠 보세요. 정답은 없습니다. 다양한 아이의 생각이 그림으로 표현되며 모두가 화가가 됩니다.

- **준비물 :** 고흐의 노란집, 초가집 명화, 도화지, 색연필, 사인펜, 크레파스 등
- **놀이 효과 :** 창의성 팡팡! 소통 무럭무럭!

① 2점 이상의 명화를 감상합니다.

– 이 그림을 본 적 있나요?

– 화가가 무엇을 그렸나요?

– 가까이 보이는 것은 무엇인가요?

– 어느 부분이 어두워 보이나요?

– 무엇으로 그렸을까요?

– 무엇으로 색칠했을까요?

– 어떤 느낌인가요?

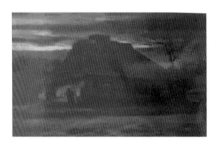 

② 숨겨진 질문을 찾아보고 두 명화의 같은 점과 다른 점으로 비교 하브루타를 합니다.

– 재미있는 질문이 여기에 담겨 있어요.

– 어떤 점이 같을까요?

– 어떤 점이 다를까요?

③ 내가 살고 싶은 집에 대해 이야기를 나눕니다.

－ 또 어떤 집이 있을까요?

－ 상상의 집, 특이한 집을 인터넷이나 책에서 찾아보세요.

④ '내가 살고 싶은 집'을 표현하고 짝 하브루타를 한 후 짝꿍의 이야기를 발표합니다.

－ 내 짝 OO는 별모양 집을 그렸어요. 여기서 살면 재미있을 것 같대요.

또 다른 이야기
놀이 하브루타

'아이들이 질문을 만드는 건 어려울 거야.'라고 생각했습니다. 그러던 어느 날, 그림책을 읽고 혹시 궁금한 것이 있는지 물어보았습니다. 놀랍게도 궁금한 것을 질문하기 시작했습니다. 아이들은 궁금이랑 살고 있습니다. 궁금이를 꼭꼭 가두어 두었던 것은 바로 교사인 저였습니다. "궁금한 것이 있니?" 하고 물어보세요. 아이들의 질문은 이야기 속에 또 다른 이야기를 만들어 냅니다.

- **준비물** : 『백조 왕자』그림책, 종이, 색연필, 사인펜, 물감 등
- **놀이 효과** : 비판적 사고력 쑥쑥! 창의성 팡팡! 소통 뽀송뽀송!

① 『백조 왕자』 동화를 들려준 후 동화를 잘 들었는지 동화 내용에 대해 이야기를 나눕니다.

– 이야기 듣고 장면 그림 찾기 또는 OX 퀴즈 등을 통해 동화 내용을 이해했는지 확인합니다.

② **동화 내용에 관해 궁금한 것을 질문으로 만듭니다.**

– 동화를 들어 보니 궁금한 점이 있나요?

– 동화의 장면을 보면서 궁금한 것을 이야기해 볼까요?

– 또 궁금한 점이 있나요?

– 다른 생각은 없나요?

아이들이 『백조왕자』로 만든 질문

1. 왜 마녀가 오빠들을 백조로 만들었을까?

2. 왜 마녀는 공주를 가두었을까?

3. 왜 오빠들은 밤이 되면 사람으로 변할까?

4. 왜 말로 표현하면 안 될까?

5. 말을 안 해서 얼마나 힘들었을까?

6. 남은 쐐기풀로 뭘 만들었을까?

---

③ **친구들이랑 뽑은 최고의 질문으로 짝이랑 짝 하브루타를 합니다.**

– 나는 남은 쐐기풀로 OO을 만들 거야. 왜냐하면……

④ 직접 만든 질문으로 생각을 나누고 자유롭게 표현 하브루타를 합니다.

– 남은 쐐기풀로 무엇을 만들고 싶나요?

– 글 또는 그림으로 표현해 볼까요?

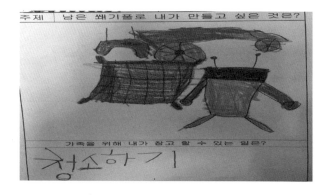

05

명화 속
놀이 하브루타

멋진 그림을 보고 있으면 마음속에도 그림이 그려지는 것 같습니다. 아이들은 명화를 보면서 어떤 생각을 할까요? 아이들이 만든 질문으로 어른이 아닌 아이의 생각으로 감상해 보면 어떨까요? 호기심으로 만든 질문은 명화 속으로 아이들을 빠뜨립니다. 아이들의 생각의 끝은 어디일까요? 아이들은 생각 넘어 생각으로, 상상 넘어 상상으로 명화 속에 자신만의 그림을 그립니다.

- **준비물** : 가쓰시카 호쿠사이의 파도 그림, 질문지, 하브루타 문장, 물고기 그림 등
- **놀이 효과** : 비판적 사고력 쑥쑥! 창의성 팡팡! 소통 뽀송뽀송!

① **그림을 감상하며 질문 만들기를 합니다.**

− 이 그림은 일본에 가쓰시카 호쿠사이라는 화가가 가나가와 해변의 파도를 그린 그림이에요.

− 무엇이 보이나요?, 어떤 색깔인가요?, 어디가 어두워 보이나요? 등 감상을 위한 질문을 합니다.

− 그림을 자세히 보세요. 그림을 보면서 궁금한 것을 질문으로 만들어 볼까요?

가쓰시카 호쿠사이, 「가나가와 해변의 높은 파도 아래」

② **짝이랑 나누고 싶은 최고의 질문을 하나 뽑아서 하브루타 문장을 만듭니다.**

− 어떤 질문이 가장 멋진가요?

− 어떤 질문이 가장 재미있나요?

③ 서로의 생각을 시소 타기처럼 주고받으며 짝 하브루타를 합니다.

– 나는 파도 속에 OO가 있을 것 같아. 왜냐하면······.

④ 하브루타 문장으로 명화 위에 자유롭게 표현 하브루타를 합니다.

– 파도 속에는 뭐가 있을까요? 그려 보세요.

06

꼬마 과학자
놀이 하브루타

바깥 놀이터에서 살짝만 만져도 공처럼 변신하는 공벌레로 놀이 하브루타를 해 봅니다.

"선생님! 몸을 공처럼 말아서 쿨쿨 자나 봐요!"

꿈틀거리는 공벌레에 아이들의 눈이 반짝입니다.

- **준비물 :** 활동지, 질문지, 곤충관찰경, 공벌레 관련 책
- **놀이 효과 :** 비판적 사고력 쑥쑥! 창의성 팡팡! 소통 뽀송뽀송! 협력 무럭무럭!

① 공벌레 사진을 보면서 궁금한 것과 알아보는 방법에 대해 이야기를 나눕니다.

– 공벌레를 본 적이 있나요? 언제 보았나요? 어디서 보았나요?

– 공벌레에 대해 궁금한 점이 있나요? 어떻게 알아보면 좋을까요?

– 책을 찾아봐요. 인터넷을 찾아봐요. 직접 관찰해요.

② 아이들의 질문에 심화 및 적용 질문 등의 선생님의 질문을 더한 후 생각을 나눕니다.

– 왜 공벌레에게 함부로 하면 안 될까요? (심화 질문)

– 공벌레를 만나면 어떻게 해야 할까요? (적용 질문)

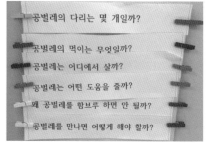

아이들이 만든 질문

1. 공벌레의 다리는 몇 개일까?

2. 공벌레의 먹이는 무엇일까?

3. 공벌레는 어디에서 살까?

4. 공벌레는 어떤 도움을 줄까?

선생님이 만든 질문

1. 왜 공벌레에게 함부로 하면 안 될까?

2. 공벌레를 만나면 어떻게 해야 할까?

③ '아하! 그렇구나!' 알게 된 이야기를 짝이랑 이야기를 나눕니다.

– 나는 OO에 대해 알게 되었어.

④ 알게 된 것을 글 또는 그림으로 자유롭게 표현 하브루타를 합니다.

– 무엇을 알게 되었나요? 어떤 점이 재미있었나요? 그림 또는 글로 표현해 볼까요?

07

현장 학습
놀이 하브루타

아이들과 수원 화성에 대해 이야기를 나누며 질문 만들기를 했습니다. "정조대왕은 왜 백성을 사랑했어요?" 하고 한 아이가 질문했습니다. 어린 시절 불행하게 어머니를 잃었던 연산군은 폭군이 되었습니다. 정조대왕도 11살의 나이에 아버지인 사도세자의 뒤주 속 죽음을 지켜보았습니다. 그런데 어떻게 정조대왕은 백성을 사랑하는 성군이 되었을까요? 질문을 들고 현장 학습을 떠나 봅니다. 질문은 생각을 더하는 체험을 가능하게 합니다. 우리 아이들은 수원 화성에 대해 무엇이 궁금할까요?.

• **준비물 :** 수원 화성, 수원 화성 관련 사진, 하브루타 기차, 질문지

• **놀이 효과** : 비판적 사고력 쑥쑥! 창의성 팡팡! 소통 뽀송뽀송! 협력 무럭무럭!

① 현장 학습과 관련된 사진 또는 책을 보면서 질문 만들기를 합니다.

– 이곳에 가 본 적이 있나요?

– 이곳에 가면 무엇을 할 수 있을까요? 무엇을 알 수 있을까요?

– 무엇이 궁금한가요? 무엇을 알아보고 싶나요?

아이들이 만든 질문

1. 왜 신하들은 사도세자를 뒤주에 가두었을까?

2. 왜 정조대왕은 아버지를 그리워했을까?

3. 왜 벽돌로 성을 만들었을까?

4. 왜 신하들은 훈련을 했을까?

5. 왜 사람들은 수원성에서 물건을 사고팔았을까?

6. 왜 정조대왕은 백성을 사랑했을까?

② 함께 만든 질문을 들고 체험 학습장으로 떠납니다.

③ 가장 기억에 남는 일, 재미있었던 일 또는 새롭게 알게 된 것에 대해 짝 하브루타를 합니다.

– 나는 OO이 가장 재미있었어. 왜냐하면······.

④ 우리가 만들었던 질문에 대한 생각을 나누고 알게 된 것을 O로 표시해 봅니다. 기억에 남는 일, 재미있었던 일 등을 글 또는 그림으로 자유롭게 표현 하브루타를 합니다.

– 무엇을 알게 되었나요? 어떤 점이 재미있었나요?

– 그림 또는 글로 표현해 볼까요?

08

사진 속
놀이 하브루타

단 한 장의 사진으로 재미있는 놀이 하브루타가 가능합니다. 아이와 사진 한 장으로 이야기를 나누어 보세요. 다른 사람이 찍은 사진뿐만 아니라 가족 사진도 좋습니다. 직접 경험한 것이라면 그때의 추억을 떠올리며 이야기를 나눕니다. 사진에 나온 배경, 인물, 물건, 사건 등으로 이야기를 나눕니다. 사진을 보며 질문을 만들어 보세요. 사진에 담기지 못한 상상 속 질문도 만들어 봅니다. 질문은 상상 속 여행을 떠나게 합니다.

- **준비물 :** 사진
- **놀이 효과 :** 창의성 팡팡! 문제 해결 능력 쑥쑥! 소통 뽀송뽀송!

① 사진을 감상하며 자유롭게 생각과 느낌을 나눈 후 궁금한 점으로 질문 만들기
를 합니다.

– 이 사진은 무엇을 찍은 걸까요?

– 어디서 찍었을까요?

– 무엇이 보이나요?

– 사진을 감상하니 궁금한 점이 있나요?

'낙타' 사진으로 아이들이 만든 질문

1. 사막에는 어떤 동물이 살까?

2. 사막에는 나무가 있을까?

3. 왜 사막에는 모래가 많을까?

4. 피라미드, 스핑크스, 미라는 어디에 있을까?

5. 사막의 밤에 동물이나 사람이 있을까?

6. 사막은 왜 더울까?

7. 사막은 넓을까?

8. 왜 낙타등은 울퉁불퉁할까?

9. 낙타는 초식일까? 육식일까?

10. 낙타는 어디에 살까?

11. 낙타의 목소리는 한 가지일까?

12. 낙타는 어디로 갈까?

② 아이들의 궁금한 질문은 교사가 적어 줍니다.

– 또 궁금한 점은 무엇인가요?

③ 친구들이 발표한 질문 중에서 '최고의 질문'을 다수결로 선택한 후에 짝 하브루타로 이야기를 나눕니다.

– 가장 재미있는 질문은 무엇인가요?

④ '낙타는 어디로 갈까?'라는 '최고의 질문'으로 표현 하브루타를 합니다.

− "낙타는 오아시스와 나무가 있는 놀이터로 가고 있을 것 같아요."

09

물레방아
놀이 하브루타

물레방아처럼 크게 원 2개를 만듭니다. 두 원 중 하나의 원만 이동합니다. 종을 치면 바깥 원에 있는 친구만 오른쪽으로 움직입니다. 물레방아처럼 모든 친구를 만나며 짝 하브루타를 합니다.

물레방아 놀이 하브루타는 아이들 또는 교사가 만든 상상 질문으로 하면 재미있습니다. 저는 '눈사람이랑 가고 싶은 곳'이라는 주제로 했습니다. 짝꿍이 바뀔 때마다 아이들의 이야기가 바뀝니다. 아이들은 어떤 이야기를 나눌까요?

"나는 눈사람이랑 호수공원에 가고 싶어. 왜냐하면 거기는 겨울에 추우니까 눈사람이 안 녹잖아. "

"나는 눈사람이랑 우주에 가고 싶어. 왜냐하면 달도 보고, 별도 보고, 해도 보고, 다 보고 싶어서."

짝 하브루타로 물레방아가 재미나게 돌아갑니다.

- **준비물** : 심화(상상) 질문
- **놀이 효과** : 창의성 팡팡! 소통 뽀송뽀송! 협력 무럭무럭!

10

나만의 생각 표현
놀이 하브루타

'마지막 잎새'는 어디로 갔을까요? 『마지막 잎새』 동화를 들려주고 나서 어른들은 아이들에게 이것저것을 묻습니다.

"누가 나왔니? 무슨 일이 있었니?", "너라면 어땠을까?"

그러나 아이들은 어른들이 궁금하지 않은 게 궁금합니다. 상상 속 이야기가 궁금합니다.

"왜 할아버지가 그린 잎새는 비가 왔는데도 물감이 지워지지 않았을까?"

"떨어진 마지막 잎새는 어디로 갔을까?"

아이에게 하브루타로 자신만의 생각을 표현해 보도록 합니다.

- 준비물 : 『마지막 잎새』 그림책, 종이, 색연필, 사인펜, 물감 등

- 놀이 효과 : 비판적 사고력 쑥쑥! 창의성 팡팡! 소통 뽀송뽀송!

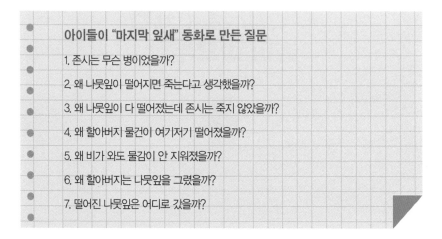

아이들이 "마지막 잎새" 동화로 만든 질문

1. 존시는 무슨 병이었을까?

2. 왜 나뭇잎이 떨어지면 죽는다고 생각했을까?

3. 왜 나뭇잎이 다 떨어졌는데 존시는 죽지 않았을까?

4. 왜 할아버지 물건이 여기저기 떨어졌을까?

5. 왜 비가 와도 물감이 안 지워졌을까?

6. 왜 할아버지는 나뭇잎을 그렸을까?

7. 떨어진 나뭇잎은 어디로 갔을까?

① 『마지막 잎새』 동화로 재미있는 질문을 만듭니다. 그중 최고의 질문은 '떨어진 나뭇잎은 어디로 갔을까?'입니다. 아이들과 산책을 나가 낙엽을 찾아봅니다.

② '떨어진 나뭇잎은 어디로 갔을까?'라는 질문으로 다양한 표현 하브루타를 합니다.

– 아이들은 낙엽으로 드래곤, 꽃, 하트 등의 모양을 만들었어요.

③ 다른 질문으로 자신만의 생각으로 표현 하브루타를 하도록 합니다.

– 내가 만약 할아버지라면 마지막 잎새를 어떤 모양으로 그렸을까?

엄마, 아빠!
함께 이야기해요.

집에서 하는 유아 하브루타 HOW

01

아빠랑, 엄마랑
누리 그림책 하브루타

아빠, 엄마는 교육기관에 간 아이들이 하루 종일 무엇을 배우며 놀았는지 궁금합니다. 귀가하는 아이에게 "오늘 뭐 배웠어?", "뭐하면서 누구랑 놀았어?" 하고 묻습니다.

유치원, 어린이집에서 가정으로 보내는 연간, 월간, 주간 계획안을 살펴보세요. 그 안에는 누리과정에 맞춘 공통적인 내용이 들어 있을 것입니다. 누리과정은 만 3~5세 유아의 심신 건강과 조화로운 발달을 돕는 목적으로, 모든 유치원과 어린이집에서 공통으로 적용합니다. 누리과정은 5가지의 목표를 제시합니다.

1. 기본 운동 능력과 건강하고 안전한 생활 습관을 기른다.

2. 일상생활에 필요한 의사소통 능력과 바른 언어 사용 습관을 기른다.

3. 자신을 존중하고 다른 사람과 더불어 생활하는 능력과 태도를 기른다.

4. 아름다움에 관심을 가지고 예술 경험을 즐기며, 창의적인 표현 능력을 기른다.

5. 호기심을 가지고 주변 세계를 탐구하며, 배우는 일상생활에 수학적·과학적으로 생각하는 능력과 태도를 기른다.

왜 가정에서 누리 그림책 하브루타가 중요할까요?

첫째, 누리 그림책은 누리과정의 생활 주제와 관련된 주제 및 내용입니다. 교실에서 배우는 생활 주제와 연계된 그림책으로 가정에서도 동일한 주제에 대한 이해와 관심을 높일 수 있습니다.

둘째, 부모님이 아이가 무엇을 알고 있고 궁금해하는지 파악할 수 있습니다. 아이와 배움의 눈높이를 같이하며 함께 성장하는 소중한 시간을 갖게 됩니다.

셋째, 함께 그림책을 읽고 하브루타를 하는 동안 오롯이 아이와 엄마 혹은 아빠 둘에게만 집중된 시간을 갖게 됩니다. 이는 아이의 안정된 애착 형성과 자존감 성장을 도와줍니다. 나아가 건강한 소통의 시간을 통해 행복한 가정을 만들어 나갑니다.

■ 추천 누리 그림책과 누리과정의 연계

추천 누리 그림책	누리과정 생활 주제	활동의 기대 효과
오늘의 기분은 먹구름	3월 우리 원과 친구	원에서 친구들과 함께 지내기 위한 약속들과 배려를 알고 실천할 수 있다.
먹고 말 거야	4월 봄과 동식물	봄에 볼 수 있는 동식물들에 관심을 갖고 소중함을 알 수 있다.
넌 누구 생쥐냐?	5월 우리 가족	나를 사랑하고 가족 구성원의 소중함을 알 수 있다.
901호 땅동 아저씨	6월 우리 동네	이웃과 더불어 살아갈 때의 질서를 알고 실천할 수 있다.
수박 수영장	7월 여름	여름의 특징을 알고 건강하고 즐겁게 더위를 이겨 낼 수 있는 생각과 방법을 알 수 있다.
작은 기차	8월 교통 기관	다양한 교통 기관에 대해 알아보고 역할과 안전한 이용법을 알 수 있다.
깜박깜박 도깨비	9월 우리나라	우리나라의 전통과 문화를 이해하며 애국심을 가질 수 있다.
나뭇잎이 달아나요	10월 가을	날씨 변화에 따른 자연환경의 변화와 우리 생활과의 관계를 이해할 수 있다.
행복한 주스나무	11월 환경과 생활	주변 생활에 필요한 자원과 자연을 소중히 여기는 마음과 절약하는 방법을 알고 실천할 수 있다.
산타할아버지는 알고 계신대!	12월 겨울	겨울철 날씨 변화와 우리 생활을 이해하고 주변 사람들과 나눔의 필요를 알고 실천할 수 있다.
일과 도구	1월 생활 도구	생활에 필요한 도구들의 대해 관심을 갖고 편리한 생활 도구들을 안전하게 사용하는 방법을 알 수 있다.
진정한 일곱 살	2월 형님이 돼요	새해 한 살을 더 먹고 달라지는 것을 수용하며 성장하는 내 모습을 기대할 수 있다.

*교육과학기술부 누리과정 해설서 참조

151

02

똑똑한 질문
나와라, 뚝딱!

그동안 교육 현장에서 많은 부모를 만났습니다. 그때마다 가정의 그림책 하브루타 임상을 시행했습니다. 그러면서 현장의 목소리를 반영한 '유아를 위한 그림책 하브루타 모형'의 필요성을 절감했습니다. 이에 다음과 같이 제시합니다.

첫째, 어렵게 느껴지는 용어는 쉽게 풀이했습니다. 유아들도 이해할 수 있게 바꾸어 적용했습니다.

둘째, 유아들의 인성과 창의성의 고른 발달을 돕기 위해 세부 질문 모형을 첨가했습니다. 전성수 박사의 질문 모형을 기본으로 삼았습니다. 이를 보완·변용한 '유아 그림책 하브루타 모형 6단계'입니다. 심화를 마음과 생각으로 나눴습니다. 굳이 둘로 나눈 이유가 있습니다. 현장에서 만난 부모님들이 심화를 선뜻 받아들이지 못했습니다. 어떻게 더 깊이 들어갈지 난감해했습니다. 현장의 경험을 통해 심화를 마음과 생각으로 나눴습니다.

마음은 주어진 상황을 받아들이는 공감 능력에 관한 질문입니다. 예컨대 그림책에 나온 등장인물의 입장을 아이가 어떻게 느끼고 있는지를 파악할 수 있습니다. 생각은 마음으로 공감한 부분을 아이의 의지와 상상으로 확장시키는 과정입니다.

'유아 그림책 하브루타 모형 6단계'를 전국 부모 교육을 통해 현장에 적용했습니다. 부모들은 모형을 쉽게 이해했고, 수많은 임상으로 실천 효과를 보았습니다. 이 책을 통해 다른 가정에서도 적절하게 적용ㆍ실천하기를 바랍니다.

1단계 동기 하브루타

그림책의 내용을 읽기 전에 표지 앞뒤를 먼저 살핍니다. 이를 살펴 내용과 상황 등을 유추하는, 질문하고 대화하는 과정입니다. 책의 내용이 궁금하도록, 읽고 싶도록 호기심과 동기를 유발하는 단계입니다. 그림을 보고, 책 제목을 보며, 배경 색깔의 의미를 생각해 보세요.

2단계 내용 하브루타

그림책의 내용을 파악하고 이해하는 과정입니다. 그림책 속에서 일어난 사실들을 질문하고 대화합니다. '누가, 언제, 어디서, 왜, 무엇을, 어떻게' 육하원칙에 의거하여 생각해 보세요.

3단계 마음하브루타

등장인물들의 입장을 떠올려 보는 과정입니다. 등장인물들은 왜 그랬을까? 등장인물의 입장을 역지사지하는 질문으로 대화합니다. 이를 통해 타인의 마음을 공감하는 마음을 키워 줍니다.

4단계 생각 하브루타

그림책에 나온 내용을 넘어 더 깊이 생각하고 상상하는 과정입니다. 창의 사고력을 키워 줍니다. '만약 ~라면', '만약 ~했다면', '만약 ~한다면' 등 가정하며 질문합니다. 질문을 통해 대화하면서 상상력과 창의력을 높여 줍니다.

5단계 실천 하브루타

그림책을 통해 하브루타한 내용을 실제 생활 속에서 실천하도록 돕는 과정입니다. 집에서, 밖에서, 친구들과 이웃들에게 실천할 점을 찾아 질문하고 대화합니다.

6단계 표현 하브루타

이전 단계에서 말로 다 드러내지 못한 아이의 생각을 다양한 활동으로 표현하는 과정입니다. 그리기, 만들기, 퍼포먼스 등을 활용할 수 있습니다. 표현 활동에 대한 아이들의 생각을 다시 짚어 가는 하브루타로 마무리합니다.

■ 일반적 하브루타 모형과 그림책 하브루타 모형 비교

그림책 적용	일반적 질문 모형	유아 그림책 하브루타 모형	세부 설명
그림책 내용 읽기 전	도입(동기) 하브루타	동기 하브루타	표지 앞뒤를 보며 내용 유추하기
그림책 내용 읽은 후	내용(사실) 하브루타	내용 하브루타	내용 속 상황을 이해하기
	심화(상상) 하브루타	마음 하브루타	등장인물들의 마음을 공감, 역지사지하며 마음 자라기
		생각 하브루타	책 속 내용을 넘어 더 깊게 생각 자라기
	적용(실천) 하브루타	실천 하브루타	생활 속에서 실천하기
그림책 하브루타 정리	메타(종합) 하브루타	표현 하브루타	말로 다하지 못한 여러 생각을 표현 활동으로 정리하기

그림책 하브루타 1_3월 우리 교실과 친구

이따 놀자고 말할 테야.

6세 하람이랑 엄마랑

오늘의 기분은 먹구름
토 프리먼 글/그림 (키즈엠)

신발 끈이 풀린 채 걷다 넘어진 올리브의 기분은 먹구름입니다. 만나는 친구들의 기분도 모두 망쳐 버립니다. 몰리에게 퉁명스럽게 말하고, 매트의 모자를 팬케이크 같다고 말하고, 조에게 어린애라고 놀립니다. 맥에게는 소리치고 롤라의 인사를 못 들은 척합니다. 그러다가 길에서 제일 좋아하는 젤리 가게를 발견합니다. 젤리를 먹고 나니 잠깐 기분이 좋아집니다. 친구들에게 갑니다. 친구들은 잔뜩 화가 난 표정으로 "우린 기분이 나빠!" 하고 말합니다. 올리브는 친구들이 왜 화가 났는지 모르겠습니다. 그래도 친구들과 젤리를 나눠 먹습니다.

동기 하브루타

엄마 : 그림 속 친구의 기분이 어때 보이니?

하람 : 이 아이 기분이 안 좋은 것 같아.

엄마 : 왜 그렇게 생각해?

하람 : 왜냐하면, 꼬리도 축 처져 있고 눈썹은 올라가 있잖아!

엄마 : 아하, 그렇구나! 왜 오늘의 기분이 먹구름일까?

하람 : 기분이 안 좋아서 머리가 까맣고 번개 맞은 것처럼 아픈 일이 있는 것 같아.

엄마 : 어떤 아픈 일이 있었는지 그림책 안으로 들어가 볼까?

내용 하브루타

엄마 : 올리브에게 무슨 일이 있었니?

하람 : 올리브가 발이 꼬여서 넘어졌는데, 아프고 짜증 나서 친구들한테도 나쁘게
했어. 그래도 나중에 친구들한테 젤리를 나눠 주고 놀았어.

엄마 : 올리브가 기분이 좋아진 건 언제였지?

하람 : 길에서 젤리 가게를 봤을 때.

엄마 : 올리브가 기분이 좋아진 걸 어떻게 알 수 있었어?

하람 : 얼굴을 봐, 엄청 웃고 있잖아.

마음 · 생각 하브루타

엄마 : 올리브는 왜 친구들을 기분 나쁘게 했을까?

하람 : 올리브는 넘어져서 짜증이 났는데, 친구들이 자꾸 놀자고 하니까 싫었어.
그래서 짜증 났어.

엄마 : 올리브가 몰리의 모자를 팬케이크 같다고 했을 때 몰리는 기분이 어땠을까?

하람 : 화가 나고, 친절하지 않은 말이니까 울 것 같아.

엄마 : 아, 그렇구나. 그래 엄마 마음도 그럴 것 같아. 올리브가 기분이 안 좋았을 때 친구들에게 어떻게 했으면 좋았을까?

하람 : 친구야, 나는 지금 넘어져서 기분이 안 좋으니까 이따 놀자. 그렇게 말해야 돼.

엄마 : 마지막에 올리브가 친구들한테 젤리를 나눠 줬잖아. 무슨 말을 했어야 하지 않을까?

하람 : 응. 젤리 줄 때 올리브는 아무 말도 안하고 젤리만 줬어. 아까는 내가 넘어져서 기분이 나빴어. 그래서 너희한테 짜증을 냈어. 미안해. 그렇게 말해야지.

엄마 : 아하! 그렇구나. 올리브가 미안해라고 말했으면 친구들이 올리브의 마음을 더 잘 알 수 있었겠다.

실천 하브루타

엄마 : 하람아, 유치원에서 기분이 나쁠 때 친구들이 놀자고 하면 어떻게 하면 좋을까?

하람 : 지금 기분 안 좋으니까 좀 이따 놀자고 말해.

엄마 : 친구들 하고 부딪쳐서 눈물이 날 때는 어떻게 하면 좋을까?

아이 : 부딪친 친구도 아픈지 보고 미안해라고 말해야지, 꾹 참고.

표현 하브루타

아이와 함께 원하는 색과 모양으로 모자를 그린다. 완성되면 오려서 쓴 후 서로 돌아가며 물어본다.

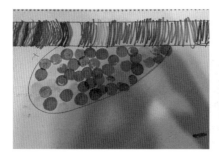 

아이 : 내 모자 어때?

엄마 : 여러 가지 색이 아주 멋져.

엄마 : 엄마가 쓴 모자는 어때?

아이 : 아주 잘 어울려.

그림책 하브루타 2_4월 봄에 볼 수 있어요

형아, 먹고 싶어.

4세 이현이랑 엄마랑

먹고 말 거야!
전주희 글/그림 (책읽는곰)

───────────────────

개구리가 딸기에 앉아 있는 파리를 지켜봅니다.
풀숲에 숨은 뱀이 개구리를 노려보고 있습니다.
개구리는 긴 혀로 파리를 먹고 말겠다는 생각에
뱀이 있는지도 모릅니다. 개구리는 파리를, 뱀은
개구리를 먹고 말겠다고 생각합니다. 개구리는
긴 혀로 파리를 잡으려고 안간힘을 쓰지만 매번 놓치고 맙니다. 개구리를 노리는
뱀도 마찬가지입니다. 개구리는 끊임없이 노력해 파리를 잡습니다. 그러나 뱀은
개구리 잡기를 포기하고 떠나갑니다.

동기 하브루타

엄마 : 누가 보이니? 얘는 누구일까?

이현 : 아기 개구리.

엄마 : 개구리는 어떤 날씨에 밖에 나올까?

이현 : 안 추울 때, 비 올 때.

엄마 : 무엇을 하고 있니? 왜 저렇게 하고 있을까?

이현 : 메롱, 하고 있어. 친구가 메롱 해서 같이하는 거야.

엄마 : 먹고 말 거야? 파리는 뭘 먹고 싶은 걸까?

이현 : 딸기.

엄마 : 파리도 딸기를 좋아하는지 책 속으로 들어가 보자.

내용 하브루타

엄마 : 딸기밭을 봐. 딸기밭에는 누가누가 있을까?

이현 : 개구리, 뱀, 파리, 무당벌레, 개미, 벌.

엄마 : 파리를 보는 개구리 뒤에 있는 건 누구지?

이현 : 뱀.

엄마 : 민들레 꽃밭에는 누가 무엇을 하고 있니?

이현 : 달팽이가 꿈틀꿈틀해. 집을 짓고 있어. 개미들은 집에 가. 무당벌레는 초록
      잎 을 맛있게 먹고 있어. 뱀 때문에 달팽이랑 개미가 숨었어. 무당벌레는 뱀
      이 무서워서 날아가고, 꿀벌은 아래로 숨으려고 해.

엄마 : 개구리는 파리를 먹고 싶어서 어떻게 했지?

이현 : 파리를 계속 쫓아갔어.

엄마 : 파리를 혀로 잡았을 때 개구리의 온몸은 어떤 모습이었지? 흉내 내 볼까?

이현 : 팔을 쭉, 손을 쫙 펴고, 혀를 메롱.

마음·생각 하브루타

엄마 : 이현이는 딸기를 좋아하니?

이현 : 딸기가 좋아. 맛있어서 좋아.

엄마 : 딸기를 얼굴에 뒤집어쓴 뱀의 기분은 어떨까?

이현 : 얼굴이 가려져서 기분이 안 좋아.

엄마 : 뱀은 개구리에게 뭐라고 말하고 싶을까?

이현 : 왜 미안하다고 안 해? 미안하다고 해야지.

엄마 : 개구리 혀에 잡힌 파리는 뭐라고 말했을까?

이현 : 안 돼. 먹지 마.

엄마 : 파리를 먹은 개구리의 기분은 어땠을까?

이현 : 파리가 맛있어서 행복했어.

엄마 : 아무것도 먹지 못한 뱀은 기분이 어떨까?

이현 : 슬퍼.

엄마 : 무슨 말을 하고 싶을까?

이현 : 나도 먹게 해 줘.

실천 하브루타

엄마 : 이현이가 핫도그를 먹고 있는데, 형아가 먹고 싶다고 하면 어떻게 해야 해?

이현 : 형아, 먹어도 돼.

엄마 : 개구리가 파리를 잡을 때 누가 도와줬을까?

아현 : 아니. 혼자서.

엄마 : 그럼 이현이는 언제 신발을 혼자 신을 수 있을까?

이현 : 형아 되면.

엄마 : 형아 되고 혼자 못 신는 친구도 있던데, 잘 신으려면 어떻게 해야 할까?

이현 : 혼자 신발 신는 연습을 많이 해야지.

표현 하브루타

개구리는 어떻게 파리를 잡았을지 이야기하며 종이접시와 파티용 피리로 파리 잡는 개구리를 만들어 봅니다.

엄마 : 개구리는 파리를 어떻게 먹었지?

이현 : 이렇게 입을 쭉 내밀어서, 어험. 그런데 뱀은 어디로 갔어?

엄마 : 아, 뱀이 어디로 갔는지 궁금하구나. 우리 또 뱀이 나오는 책을 찾아볼까?

그림책 하브루타 3_5월 사랑하는 나와 가족

지유야, 사랑해. 아빠, 사랑해.

4세 지유랑 아빠랑

넌 누구 생쥐니?
로버트 크라우스 글, 호세 아루에고 그림 (비룡소)

"넌 누구 생쥐야?" 하고 물으니 "난 누구의 생쥐도 아닌데."라고 아기 생쥐는 대답합니다. "엄마는 어디 있니?" 질문을 통해 아기 생쥐는 가족에 대해 생각합니다. 고양이 뱃속에 있는 엄마, 위험한 덫에 갇힌 아빠, 산꼭대기에 있는 누나를 차례로 떠올립니다. "그럼, 이제 어떻게 할 거니?" 하고 다시 질문을 받은 아기 생쥐는 용감하게 가족들을 구해 냅니다. 가족들을 구한 후 아기 생쥐는 말합니다. "나는 우리 엄마, 아빠, 누나의 생쥐." 질문을 받고, 생각하고, 대답하고, 행동하고……. 이런 기회를 통해 아기 생쥐는 비로소 가족 관계에 대해 관심을 갖고, 가족 안에서 사랑받고 있음을 깨닫게 됩니다.

동기 하브루타

아빠 : 지유는 누구 지유야?

지유 : 나는 황지유야.

아빠 : 지유 눈은 누구 닮았어? 엄마 눈? 아빠 눈?

지유 : 아빠 눈.

아빠 : 지유는 누구 닮아서 코가 이렇게 예뻐?

지유 : 아빠 코.

아빠 : 우리 지유, 엄마 닮아서 젤 예쁜 건? 아빠 닮아서 젤 멋진 건?

지유 : 손가락 하고 머리카락.

내용 하브루타

아빠 : 아기 생쥐가 엄마 생쥐를 어떻게 구해 줬어?

지유 : 고양이 흔들어서 구해 줬어.

아빠 : 아기 생쥐가 아빠 생쥐는 어떻게 구해 줬어?

지유 : 톱으로 잘라서 구해 줬어.

마음 · 생각 하브루타

아빠 : 엄마, 아빠 생쥐가 위험해졌을 때 아기 생쥐의 마음은 어땠을까?

지유 : 슬퍼.

아빠 : 아기 생쥐 옆에 갈 수 없는 엄마, 아빠 생쥐는 어떤 기분일까?

지유 : 너무 보고 싶어서 슬퍼.

아빠 : 왜 아기 생쥐의 누나는 멀리 갔을까?

지유 : 엄마가 보고 싶어서. 엄마 찾으러 갔어.

아빠 : 아빠 생쥐는 누가 그렇게 했을까?

지유 : 지유 아빠가 그렇게 했어.

아빠 : (놀라며) 지유 아빠가? 아빠가 왜 그렇게 했을까?

지유 : 아빠 생쥐가 지유 쭈쭈바를 가져갔어. 내가 제일 좋아하는 쭈쭈바를 가져갔
어. 그래서 아빠가 아빠 생쥐를 혼내 주려고 그런 거지.

아빠 : 지유야, 그래도 아빠 생쥐를 구해 줄까?

지유 : 응.

아빠 : 누가 아빠 생쥐를 구해 줄 수 있을까?

지유 : 나는 밥을 많이 안 먹어서 힘이 없으니까, 힘센 경찰 아저씨가 도와줄 거야.

아빠 : 지유가 아기 생쥐라면 엄마 생쥐를 어떻게 구해 줄 수 있을까?

지유 : 고양이 입속에 들어가서 엄마 생쥐를 꺼내 줄 거야.

실천 하브루타

아빠 : 아기 생쥐는 남동생을 달라고 소원을 빌었지. 지유는 어떤 소원을 빌고 싶
어?

지유 : 여자 아가.

아빠 : 여자 동생, 왜?

지유 : 여자 아가랑 손잡고 노래하고 춤출 거야.

아빠 : 아기 생쥐가 위험에 처한 아빠 생쥐를 도와주었지. 지유도 아빠 좀 도와줄
수 있어?

지유 : 그럼, 지유가 도와줄게.

아빠 : 어떤 것을 도와줄 거야?

지유 : 그림책 정리할 수 있어.

표현 하브루타

"아기 생쥐 가족은 몇 명이었지?" 이야기 나누며 아기 생쥐 손가락인 형을 만들어 봅니다. 그리고 가족끼리 "사랑해요."라고 말해 보세요.

아빠 : 아기 생쥐는 누구 생쥐지?

지유 : 아빠, 엄마 생쥐

아빠 : 지유는 누구 지유?

지유 : 아빠 지유.

엄마 : 엄마는 누구 엄마?

지유 : 지유 엄마.

아빠 : 사랑해, 지유야.

지유 : 사랑해, 아빠.

그림책 하브루타 4_6월 우리 동네

303호 호랑이 할아버지

7세 연주랑 아빠랑

901호 띵똥 아저씨
이욱재 글/그림 (노란 돼지)

산이와 별이는 시골에 살다 아파트 1001호로 이사를 오게 됩니다. 넓은 거실에서 신나게 뛰어다닙니다. 901호 아저씨가 '띵똥' 벨을 누릅니다. 시끄럽다며 화를 냅니다. 산이네 가족은 매트, 이불 등의 다양한 방법으로 소음을 없애려고 노력합니다. 그러나 901호 아저씨는 계속 '띵똥' 벨을 누릅니다. 결국 산이네 아버지는 901호 아저씨에게 집에 아이들이 없다고 거짓말을 합니다.

어머니 생일날, 산이와 별이는 엘리베이터에서 901호 아저씨를 만나게 됩니다. 실수로 어머니의 케이크를 901호 아저씨에게 드리고, 아저씨는 산이네 가족을 초대합니다. 아저씨는 부인이 교통사고를 당해 작은 소리에도 예민하다면서 사정을 이야기해 줍니다.

어느 날 산이네 위층인 1101호에 새 이웃이 이사를 옵니다. 위층의 쿵쾅 소리로 산이네 가족은 너무 힘듭니다. 결국엔 901호 아저씨와 똑같이 '띵똥' 벨을 누릅니다. 위층 아저씨는 산이네 아버지처럼 아이가 없다고 거짓말을 합니다. 그 뒤로도 위층의 소음이 컸지만 산이네 가족은 1101호로 올라가지 않습니다. 어느 날 산이네 아버지는 1101호 벨을 누릅니다. 1101호 아저씨가 문을 엽니다. 산이네 가족과 901호 아저씨가 케이크를 들고 있습니다.

동기 하브루타

아빠 : 아저씨 표정이 어때?

연주 : 화났나 봐. 귀찮은 표정인 것 같기도 해.

아빠 : 아이들의 표정은 어떻게 보여? 무엇을 하는 중일까?

연주 : 개구쟁이 표정. 엄청 폴짝폴짝, 쿵쿵 소리가 나는 것 같아.

아빠 : 무슨 일이 생긴 걸까. 그림책을 읽어 보자.

내용 하브루타

아빠 : 산이네 가족은 어디에서 어디로 이사를 왔지?

연주 : 시골에서 아파트로.

아빠 : 산이네는 몇 층으로 이사를 갔지?

연주 : 10층

아빠 : 산이와 별이는 집에서 어떤 놀이를 하고 놀았지?

연주 : 소파에서 뛰기, 총 싸움, 잡으러 다니기.

아빠 : 901호 아저씨가 '띵똥' 누를 때 표정은 어떠니?

연주 : 짜증 나고 화나 보여.

아빠 : 왜 짜증 나고 화가 났을까?

연주 : 시끄러우니까.

아빠 : 왜 901호 아저씨는 케이크를 가져가게 된 걸까?

연주 : 아이들이 얼굴을 가리고 인사하느라 케이크를 높이 든 건데, 케이크를 드리는 줄 알았나 봐.

마음 · 생각 하브루타

아빠 : 위층에서 쿵쿵거릴 때 901호 아저씨는 어떤 마음이었을까?

연주 : 아줌마가 아프니까 걱정이 되고 화가 났을 거야.

아빠 : 산이와 별이는 901호 아저씨가 올라올 때마다 마음이 어땠을까?

연주 : 마음이 쿵쾅쿵쾅 하고 떨렸을 것 같아.

아빠 : '죄송합니다.' 하고 사과하는 엄마를 보며 산이는 어떤 기분이었을까?

연주 : 엄마한테 미안하고 아저씨가 미웠을 거야.

아빠 : 그럼 산이 엄마 마음은 어땠을까?

연주 : 아저씨가 자꾸 무서운 얼굴로 찾아오니까 걱정됐을 것 같아.

아빠 : 산이와 별이는 마음대로 놀 수 없는 아파트가 좋았을까?

연주 : 처음엔 싫었겠지. 아저씨가 뛰지도 못하게 하니까. 나중에는 좋았을 것 같아. 아저씨랑도 친해졌잖아.

아빠 : 왜 아빠는 901호 아저씨한테 아이들이 없다고 거짓말을 했을까?

연주 : 아이들이 없다고 해야 올라오지 않을 것 같아서.

아빠 : 1101호 아저씨가 아이들이 없다고 거짓말했을 때 아빠는 어떤 생각이 들었을까?

연주 : 자기가 했던 거짓말이 생각났을 거야. 901호 아저씨한테 미안한 마음이 들었을 것 같아.

실천 하브루타

아빠 : 연주가 쿵쾅쿵쾅 뛰어서, 우리 집 아래층 할아버지가 '띵똥' 하면 어떻게 해야 할까?

연주 : 죄송합니다. 이렇게 말해야지.

아빠 : 엘리베이터에 타면 모르는 어른들을 자주 만나잖아, 어떻게 하면 친해질 수 있을까?

연주 : 웃으면서 인사해야지. 아래층 303호 호랑이 할아버지한테도.

아빠 : 우리집의 아래층, 위층에 누가 사는지 알 수 있는 방법은 뭘까?

아이 : 맛있는 것 가지고 찾아가야지.

아빠 : 아해! 그렇게 먼저 찾아가면 되겠구나!

표현 하브루타

"우리 위층 아이들에게는 너무 뛰지 말아 달라고, 어떻게 부탁하면 좋을까?" 이야기를 나누고 좋은 생각을 그려 봅니다.

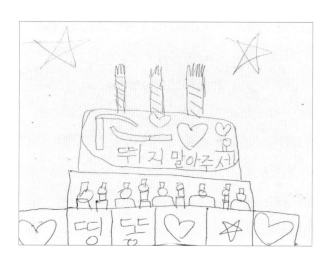

아빠 : 어떻게 전해 주면 좋을까?

연주 : 아이스크림이랑 같이 색종이 편지를 주면 어때? 아이들은 아이스크림을 좋
아하니까.

아빠 : 좋은 생각이야.

석, 석, 석

6세 단아랑 엄마랑

수박 수영장
안녕 달 글/그림 (창비)

햇볕이 쨍쨍 내리쬐면 '수박 수영장'이 열립니다. 엄청 큰 수박이 '딱' 반으로 갈라지면서 마을 사람들이 함께 들어갑니다. 논일을 하던 아저씨들도, 고무줄놀이를 하던 아이들도, 빨래를 널던 아주머니들도 수박 수영장을 좋아합니다. 무더운 여름날 시원한 수박을 먹으며 즐거워합니다.

아이들은 다이빙을 하고, 튜브를 타고, 껍질로 미끄럼틀을 만들어 놉니다. 별빛이 빛날 때까지 수박 수영장 놀이는 끝이 없습니다.

동기 하브루타

엄마 : 수수께끼야. 엄마가 좋아하는 과일이 있는데 맞혀 볼래?

단아 : 응!

엄마 : 겉은 초록색이고 속은 빨간색이야. 껍질에 검은색 번개무늬 줄이 있어.

단아 : 수박!

엄마 : 딩동댕. 이것 봐. 이 책 표지에 수박이 있네. 수박 그림 먹고 싶다.

단아 : 아니야. 내가 먼저. 내가 먼저 먹을 거야.

엄마 : 단아가 이 책의 제목을 지어 줄래?

단아 : (제목을 손가락으로 가리키며) 여긴 뭐라고 써 있어?

엄마 : 수박 수영장. 단아는 뭐라고 하고 싶어?

단아 : 으응, 커다란 수박!

엄마 : 커다란 수박? 왜?

단아 : 사람들이 막 들어갈 수 있잖아.

내용 하브루타

엄마 : 아이들이 수박을 밟을 때 어떤 소리가 났니?

단아 : 석. 석. 석.

엄마 : 친구들이 수박 수영장에서 뭐하고 놀았는지 기억나?

단아 : 성도 만들고 눈사람도 만들고 수영도 했어.

엄마 : 제일 기억에 남는 장면은 어떤 거야?

단아 : 구름장수 아저씨.

엄마 : 구름장수가 구름 양산과 먹구름 샤워를 팔고 있네. 단아는 어떤 것 살 거야?

단아 : 먹구름 샤워. 먹구름 아래에서 비 맞는 아이가 진짜 재밌어 보여.

엄마 : 엄마는 이 친구가 너무 작아서 자세히 보지 않았는데, 단아는 자세히 보았구나.

단아 : 나도 얘처럼 먹구름 비 맞으며 씻고 싶어.

엄마 : 단아는 샤워기로 물 맞는 걸 좋아하는구나.

마음 · 생각 하브루타

엄마 : 수박 수영장에 가면 어떤 놀이를 해 보고 싶어?

단아 : 수박 미끄럼틀 타고 싶어. 여기에 계단도 만들고 싶어.

엄마 : 수박 수영장에서 노는 사람들의 기분은 어떨까?

단아 : 시원해서 너무 좋을 거야!

엄마 : 수박 수영장 사람들은 어떤 계절을 제일 좋아할까?

단아 : 여름.

엄마 : 왜 그렇게 생각해?

단아 : 수박 수영장에서 놀 수 있으니까.

엄마 : 단아가 수영장을 만든다면 무슨 과일로 만들고 싶어?

단아 : 토마토.

엄마 : 왜?

단아 : 토마토가 맛있으니까. 토마토 수영장에서 놀면서 토마토를 실컷 먹을 거야.

실천 하브루타

엄마 : 더운 여름을 즐겁게 보낼 수 있는 방법은 무엇이 있을까?

단아 : 수영장에도 가고, 수박도 먹고, 아이스크림도 먹고.

엄마 : 그러면 안 더울까?

단아 : 잠깐 시원해질 수 있지.

엄마 : 그럴 수 있겠네.

표현 하브루타

"수박 수영장에 갈 수 있다면 무엇을 해 보고 싶어?", "누구와 무엇을 하며 놀면 좋을까?" 이야기하고 수박 수영장을 상상하여 그려 봅니다.

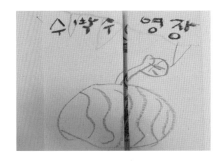

그림책 하브루타 6_8월 교통 기관

기차는 빨라, 빨라서 좋아.

5세 태윤이랑 엄마랑

작은 기차
마거릿 와이즈 브라운 글,
레오 딜론/다이앤 딜론 그림 (웅진주니어)

___

선물상자 안에는 날씬한 새 기차와 조그만 옛날 기차가 들어 있었습니다. 새 기차는 언덕을 넘고 터널 속을 지납니다. 흐르는 강을 건너고 비가 내리는 철길 위를 거침없이 달립니다. 옛날 기차는 집안 곳곳을 누비며 달립니다. 책 터널과 욕조, 창가를 지나 집안 곳곳을 누비며 달립니다. 새 기차는 마지막으로 서쪽 파란 바다에, 옛날 기차는 서쪽의 침실에 도착합니다.

동기 하브루타

엄마 : 언제 기차를 타 보았지?

태윤 : 부산 고모네 갈 때.

엄마 : 어떤 게 기억이 나니?

태윤 : 기차는 빨라. 빨라서 너무 좋아.

엄마 : 책 표지에 기차가 몇 대 보이니?

태윤 : 2개.

엄마 : 진짜 기차와 장난감 기차는 무엇이 다르지?

태윤 : 진짜 기차는 사람들이 탈 수 있고, 장난감 기차는 탈 수 없어.

엄마 : 이 선물을 누가 가지고 오는 걸까?

태윤 : 아빠가.

엄마 : 누구한테 줄 선물?

태윤 : 내 선물. 내가 기차 좋아하잖아.

내용 하브루타

엄마 : 조그만 옛날 기차는 어디 어디를 지나갔지?

태윤 : 카펫 철길을 지나서, 책 터널을 지나서, 목욕탕의 강을 건너, 식탁 위를 지나, 이층 가는 손잡이를 지나, 침대 방으로.

엄마 : 옛날 기차가 맞은 비는 어디서 내리는 거였지?

태윤 : 목욕탕 샤워기.

마음·생각 하브루타

엄마 : 기차를 선물로 받은 아이는 어떤 기분이었을까?

태윤 : 너무 좋아. 왜냐하면 아이들은 기차를 좋아하니까.

엄마 : 옛날 기차는 어디로 가는 걸까?

태윤 : 서쪽으로.

엄마 : 기차 여행이 끝났을 때 침대에 누워 있는 사람은 누구였을까?

태윤 : 아이.

엄마 : 아이는 몇 살일까?

태윤 : 4살. 아니 4살은 혼자 못 자니까 8살. 그런데 8살 형아는 기차 갖고 안 놀아.
  그러니까 5살.

엄마 : 기차는 누가 운전했을까?

태윤 : 새 기차는 기사 아저씨. 그리고 옛날 기차는 5살 아이가.

실천 하브루타

엄마 : 기차를 타고 여행을 할 때는 어떤 약속을 지켜야 할까?

태윤 : 핸드폰은 밖에서 하고 아이들도 조용히 해야 해.

엄마 : 왜 그렇게 해야 하지?

태윤 : 방송 아저씨가 그렇게 하라고 하잖아.

엄마 : 왜 방송 아저씨는 조용히 하라고 하는 걸까?

태윤 : 너무 시끄러우면 기사 아저씨가 머리가 아플 거야. 운전하기가 힘들어.

표현 하브루타

"걸어서 갈 수 없는 먼 곳은 무엇을 타고 갈까?", "누가 타고 어디로 가고 있을까?" 이야기하고 발바닥 찍기로 기차를 만들어 보세요.

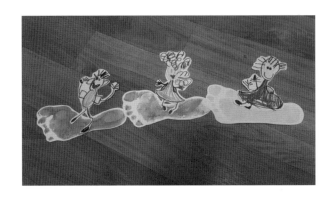

엄마 : 누가 타고 있어? 어디로 가는 기차야?

태윤 : 친구들 소율, 소연이, 선우랑 같이 타고 동물원 가는 기차야.

09

그림책 하브루타 7_9월 우리나라

뿔이 없는 착한 도깨비야.

6세 아윤이랑 엄마랑

깜박깜박 도깨비
권문희 글/그림 (사계절)

어느 마을에 혼자 사는 아이가 길에서 도깨비를 만납니다. 잘 잊어버리는 깜박깜박 도깨비입니다. 도깨비는 아이에게 돈 서푼을 빌려 갑니다. 곧 돈을 갚았습니다. 그러나 어제 돈을 갚은 사실을 깜박깜박 잊어버립니다. 매일 찾아와 돈 서푼을 갚습니다. 어느 날 도깨비는 아이의 찌그러진 냄비를 보더니 돈 서푼과 함께 새것으로 가져다줍니다. 또 닳아빠진 다듬이 방망이를 보자 냄비와 돈 서푼과 새 방망이를 가져다줍니다. 그 뒤로도 매일매일 냄비와 돈 서푼과 방망이를 주러 아이를 찾아옵니다. 어느 날 밤, 우는 소리가 들립니다. 도깨비가 하늘

살림을 함부로 썼기 때문에 하늘로 벌을 받으러 간다고 합니다. 하늘에서 벌을 다 받고 도깨비가 돌아옵니다. 아이는 어느새 어른이 되고 죽었습니다. 그런데도 도깨비는 돈 서푼을 갚으러 아이를 계속 찾아다닙니다.

동기 하브루타

엄마 : 표지 그림 속에 누가 있니?

아윤 : 흥부랑 발이 없는 인간유령. 그리고 글씨에 뾰족뾰족 뭐가 났어.

엄마 : 글씨가? 어떤 글씨가?

아윤 : ('도'를 가리키며) 글씨에 뾰족뾰족 뭐가 났잖아.

엄마 : 아~ 진짜 글씨가 뾰족뾰족하네. 이 책의 제목은 '깜박깜박 도깨비'야. '도' 글자가 도깨비 머리랑 비슷하네.

아윤 : 도깨비라서 발이 없구나. 그런데 이상해. 머리는 뾰족뾰족한데, 뿔도 없고 방망이도 없어.

엄마 : 왜 그럴까? 우리 읽어 볼까?

내용 하브루타

엄마 : 어떤 장면이 제일 재미있었어?

아윤 : 돈이랑 냄비랑 방망이랑 계속 가져다준 것.

엄마 : 처음에 아이가 도깨비를 만났을 때 왜 돈을 빌려주기 싫어했을까?

아윤 : 도깨비가 까먹고 돈을 안 줄까 봐.

엄마 : 도깨비는 빌린 것을 돌려줬어?

아윤 : 응 계속, 계속, 계속 갖다줬어. 냄비랑 방망이도.

마음·생각 하브루타

엄마 : 만약에 아윤이한테 요술냄비가 있으면 뭐가 나왔으면 좋겠어?

아윤 : 냄비에서 바나나가 자꾸 나오면 좋겠다.

엄마 : 아윤이는 요술냄비에서 바나나가 자꾸 나왔으면 좋겠어? 왜 그렇게 생각해?

아윤 : 난 바나나가 제일 좋으니까.

엄마 : 아윤아, 이 도깨비는 마음씨가 어떤 것 같아?

아윤 : 마음이 착한 도깨비야.

엄마 : 왜 그렇게 생각해?

아윤 : 빌린 건 꼭 갚으려고 하고, 또 자꾸자꾸 가져오잖아.

엄마 : 길 가다가 도깨비가 돈 빌려 달라고 하면 어떻게 할 거야?

아윤 : 안 빌려줘.

엄마 : 왜?

아윤 : 나는 돈이 없으니까.

엄마 : 도깨비가 아윤이가 갖고 있는 것 하나 빌려 달라고 하면?

아윤 : 난 내 장난감을 빌려줄 거야.

엄마 : 어떤 장난감?

아윤 : 인어공주.

엄마 : 인어공주를 빌려주는 이유가 있어?

아윤 : 도깨비가 인어공주 인형을 매일매일 자꾸자꾸 갖다줄 거니까.

엄마 : 우리한테 다 갖다주다가 도깨비가 하늘나라에 벌 받으러 가면 어쩌지?

아윤 : 도깨비가 벌 받는 건 싫어. 하나씩만 갖고 나머지는 다 돌려줄 거야. 그럼 도깨비는 벌 안 받아도 되잖아.

실천 하브루타

엄마 : 친구가 아윤이 인형 빌려 달라고 하면 어떻게 하면 좋을까?

아윤 : 음, 빌려줄 거야. 근데 집에 가져가는 건 싫어.

엄마 : 그럼 친구한테 뭐라고 말하면 좋을까?

아윤 : 만져 보고 갖고 놀아. 집에는 가져가지 마!

엄마 : 혹시 아윤이는 깜빡하고 잊어버리는 것 있어?

아윤 : 응. 나는 장난감 정리하는 것 자꾸 잊어버려.

엄마 : 정리하기 싫어서 그런 것 아니야?

아윤 : 조금 그렇긴 해.

엄마 : 정리하기 싫어도 정리 싹 하고 나면 깨끗해서 기분 좋지 않아?

아윤 : 맞아.

엄마 : 엄마가 도와줄 테니까 잘 정리하자.

아윤 : 응. 알았어. 엄마랑 같이하는 건 좋아.

표현 하브루타

"언젠가 만났으면 좋겠다고 생각하는 도깨비는 어떤 모습이야?" 이야기하고 그려 봅니다.

엄마 : 우와, 이게 아윤이가 생각하는 도깨비야?

아윤 : 무섭지 않은 얼굴이야. 웃고 있고 착한 도깨비야. 뿔도 없어. 그냥 머리가 뾰
족뾰족하게 났어.

엄마 : 엄마도 아윤이가 그린 도깨비가 참 착해 보인다.

아윤 : 그럼 엄마 선물로 줄게. 벽에 잘 붙여 놔.

10

그림책 하브루타 8_10월 가을이 되었어요

나뭇잎아, 그만 달아나!

6세 예은이랑 엄마랑

나뭇잎이 달아나요
올레 쾨네케 글/그림 (시공 주니어)

안톤은 떨어진 나뭇잎을 모두 긁어모읍니다. 그런데 또 한 잎이 나무에서 떨어집니다. 마저 치우려는데, 바람이 불고 나뭇잎이 다른 곳으로 날아갑니다. 안톤은 그 나뭇잎을 쫓기 시작합니다. 나뭇잎이 그네를 타고 있는 루카스 쪽으로 날아갑니다. 루카스도 안톤을 도와주려고 나뭇잎을 잡으러 갑니다. 나뭇잎이 그레타와 니나를 지나 앞으로 날아갑니다. 4명의 아이들이 함께 나뭇잎을 쫓기 시작합니다. 나뭇잎은 높은 나무에 걸리고 맙니다. 아이들은 함께 그 잎을 잡으려고 힘을 모읍니다. 바람이 불자 나뭇잎은 다시 날아갑니다. 그리고 나뭇잎 더미에 떨어집니다. 아이들은 나뭇잎 더미에 있는 나뭇잎을 한 장씩 들고 "잡았다!" 하고 소리칩니다. 간식을 먹으러 가는 아이들 뒤로 나뭇잎이 또 날아갑니다.

동기 하브루타

엄마 : 표지에는 어떤 그림이 보여요?

예은 : 친구들, 나무 14개, 나뭇잎, 땅 긁는 갈고리, 풀밭, 하수구 뚜껑, 나무에 난 줄무늬.

엄마 : 아이들은 무엇을 하는 중일까?

예은 : 친구들이 모여서 나뭇잎 따라다녀.

엄마 : 왜 나뭇잎을 따라다닐까?

예은 : 그냥 나뭇잎 잡기 놀이 하나 봐.

엄마 : 무슨 일이 생긴 건지 궁금하지? 책 속으로 들어가 볼까?

내용 하브루타

엄마 : 제일 먼저 나뭇잎을 치운 친구는 누구일까?

예은 : 안톤.

엄마 : 그림책에 나오는 친구들의 이름은 뭘까?

예은 : 안톤, 루카스, 니나, 그레타.

엄마 : 나뭇잎은 왜 이리저리 날아다녔을까?

예은 : 바람 때문에.

마음 · 생각 하브루타

엄마 : 왜 안톤은 나뭇잎을 치우려고 했을까?

예은 : 안톤이 나뭇잎을 치우는 담당이야.

엄마 : 그럼, 왜 치우는 담당을 정했을까?

예은 : 바람이 불어서 나뭇잎이 떨어지면 길이 잘 안 보이니까. 누군가는 치워야지.

엄마 : 바람은 왜 자꾸 나뭇잎을 멀리 보냈을까?

예은 : 바람은 아이들이 나뭇잎을 못살게 군다고 생각했어. 바람을 불어서 나뭇잎을 멀리 보내 준 거지. 아이들이 나뭇잎을 못 잡게 말이야.

엄마 : 만약 너라면 바람에 날아가는 나뭇잎을 어떻게 잡았을까?

예은 : 안톤이 모자를 쓰고 있잖아. 안톤 모자로 잡았을 거야. 모자를 던져서 모자 속으로 들어가게.

엄마 : 안톤이 나뭇잎을 잡아 달라고 소리쳤는데, 아무도 도와주지 않았다면 안톤의 마음이 어땠을까?

예은 : 슬퍼. 혼자 잡으러 다니면 힘드니까 화도 나고.

엄마 : 안톤이 나뭇잎을 잡으라고 소리칠 때 그네 타던 루카스는 어떤 생각을 했을까?

예은 : 안톤이 힘드니까 같이 잡아 줘야겠다 생각했어.

엄마 : 마지막에 아이들이 '잡았다!' 하면서 나뭇잎을 들었을 때 아이들 기분이 어땠을까?

예은 : 모두 잡고 싶었기 때문에 정말 좋았을 거야.

엄마 : 나뭇잎을 잡고 친구들은 간식 먹으러 어디로 갔을까?

예은 : 집에 가서 돗자리를 가지고 왔을 거야.

엄마 : 돗자리 위에서 무엇을 먹으면 좋을까?

예은 : 짜장면을 먹으면 맛있겠다.

엄마 : 짜장면을 간식으로 먹으면 너무 배부르지 않을까?

예은 : 그러면 쿠키.

실천 하브루타

엄마 : 만약 예은이가 그네를 타면서 신나게 놀고 있는데, 친구가 '도와줘!'라고 하면 어떻게 할 거야?

예은 : 도와줘야지. 친구니까.

엄마 : 낙엽을 치우는 것이 안톤 담당이라고 했잖아. 우리 집에서 예은이는 어떤 담당을 하면 좋을까?

예은 : 아침에 오빠 깨우는 담당. 오빠가 학교 늦으면 안 되잖아.

표현 하브루타

"떨어진 나뭇잎으로 무엇을 할 수 있을까?" 이야기하고 나뭇잎으로 만들어 봅니다.

엄마 : 무슨 그림이야?

예은 : 나뭇잎들이 바람이 너무 좋다고 웃으면서 춤추잖아.

엄마 : 아하, 그렇구나! 즐거워 보인다.

11

그림책 하브루타 9_11월 환경과 생활

내 나무는 행복한 주스 나무

7세 예원이랑 엄마랑

행복한 주스 나무
요시 마이라비 글, 샤하르 코베르 그림 (찰리북)

어느 작은 마을에 특별한 나무 한그루가 있었습니다. 마을 사람들은 그 나무를 주스 나무라고 불렀습니다. 나뭇잎을 1장 따서 물병에 넣으면 세상에서 가장 맛있는 주스를 만들 수 있었거든요. 어느 날 딘은 맛있는 주스를 한 잔만 먹어야 하는 것이 속상했습니다. 정원사 아저씨에게 2장을 따도 되는지 여쭤 보았습니다. 정원사 아저씨는 별일 없을 거라고 말했습니다. 딘은 2장을 따기도 하고 3장을 따기도 했습니다. 어느 날. 딘은 주스 나무에 나뭇잎이 하나도 없는 것을 알고 큰일이 났다는 것을 알게 되었습니다.

단뿐만 아니라 마을사람 모두가 두 장, 세 장씩 따고 있었던 것입니다. 사람들은 주스 나무에 푸른 새잎이 돋아날 때까지 기다렸어요. 드디어 푸른 새잎이 돋아나게 되었을 때, 딘은 조용히 정원사 아저씨를 도와 주스 나무에 물을 주었습니다.

동기 하브루타

엄마 : 책 표지에서 사람들이 나무를 둘러싸고 무엇을 하는 것 같아?

예원 : 서로 손을 잡고 신나서 춤추고 있어요. 빙글빙글 돌고 있어요.

엄마 : 그렇구나. 이 사람들은 어떤 관계일까?

예원 : 같은 마을 사람? 가족 같아 보이기도 하고, 사이가 좋아 보여요.

내용 하브루타

엄마 : 세상에서 가장 맛있는 주스는 무슨 맛일까?

예원 : 우유맛과 사과맛이 나는 주스요

엄마 : 우유랑 사과맛이 났으면 좋겠구나. 작은 마을에 아주 특별한 나무가 하나 있었지. 무슨 나무였지?

예원 : 맛있는 주스나무요.

엄마 : 마을에서 오랫동안 내려온 약속은 무엇이었지?

예원 : 나뭇잎을 하나씩만 따는 약속.

마음 · 생각 하브루타

엄마 : 딘은 왜 그 약속을 어기게 되었을까?

예원 : 왜냐하면 너무 맛있으니까. 많이 먹고 싶어서요.

엄마 : 매일 1장씩만 따던 딘이 처음으로 나뭇잎을 2장 땄을 때 어떤 기분이었을까?

예원 : 자기 눈을 믿을 수 없는 기분?

엄마 : 그래? 그럼 다른 사람들은 왜 딘처럼 2장, 3장씩 땄을까?

예원 : 그 사람들도 주스가 너무 맛있어서 많이 먹고 싶었겠죠.

엄마 : 다른 사람들도 2장, 3장씩 딸 때 정원사한테 물어봤을까?

예원 : 빵 만드는 아줌마만 물어봤을 것 같아.

엄마 : 그래? 그래서 정원사 아저씨가 아줌마한테 뭐라고 했을 것 같아?

예원 : '1장씩만 따세요.' 그랬을 것 같아요.

엄마 : 아! '1장씩만 따세요.' 했을 것 같구나. 왜 사람들은 나무가 아프다는 사실을 나뭇잎이 하나도 없을 때까지 몰랐을까?

예원 : 왜냐하면 다들 자기 할 일만 하고 있었으니까.

엄마 : 나뭇잎이 없어진 건 누구 때문일까요?

예원 : 딘이요. 왜냐하면 딘이 2장, 3장씩 땄어요.

엄마 : 딘뿐만 아니라, 다른 사람들도 2장, 3장씩 다 땄는데?

예원 : 그럼 모두의 잘못인 것 같아요. 여기 있는 정원사 아저씨만 빼고요.

엄마 : 나뭇잎을 사람들이 2장, 3장씩 딸 때 나무는 사람들에게 무슨 말을 해 주고 싶었을까?

예원 : 하지 마세요, 하지 마세요, 1장씩 따세요. 내 머리카락이에요.

엄마 : 그럼 정원사 아저씨는 나뭇잎이 없어진 사실을 알고 어떤 기분이었을까?

예원 : 슬프고 속상했을 것 같아요.

엄마 : 주스나무처럼 특별한 나무가 있다면 어떤 것이 열렸으면 좋겠니?

예원 : 엄마의 사랑? 그리고 포켓몬 쿠키랑 사과, 포도, 복숭아. 내 나무는 행복한 주스 나무라서 몽땅 열려요.

실천 하브루타

엄마 : 세상에서 없어지면 안 될, 우리 모두의 것은 뭐가 있을까?

예원 : 물이요.

엄마 : 물이 없어지지 않도록 예은이가 할 수 있는 일은 뭐가 있을까?

예원 : 치카 할 때 양치컵에 물을 받아서 사용해요. 물을 안 쓸 때에는 수도꼭지를 잠가요.

표현 하브루타

"행복 주스나무의 주스는 어떤 맛일까?" 이야기하고 어떤 맛일지 나무에 맛을 내는 열매들을 그려 붙여 보세요.

엄마 : 예은이의 행복 주스나무에는 어떤 맛의 주스가 날까?

예원 : 딸기맛, 수박맛, 파인애플맛, 어떤 때는 다 섞인 맛.

엄마 : 오래오래 먹을 수 있으려면 어떻게 하지?

예원 : 조금씩 먹고 소중하게 생각해야 해요.

그림책 하브루타 10_12월 겨울

나는 사이좋은 아이, 친절한 아이, 정정당당한 아이

6세 여은이랑 엄마랑

산타할아버지는 알고 계신대!
리차드 커티스 글, 레베카 콥 그림 (키즈엠)

샘과 찰리는 외모는 똑같이 생겼지만 성격은 완전 딴판인 쌍둥이입니다. 샘은 늘 단정하고 차분한 성격입니다. 그러나 찰리는 말썽쟁이 장난꾸러기 소녀입니다. 그런 찰리를 미워하는 사람들도 있었습니다. 그러나 찰리의 부모님은 찰리를 사랑으로 감싸주시는 따뜻한 분이십니다.

크리스마스가 다가오자 부모님은 찰리가 선물을 받지 못할까 봐 걱정입니다. 하지만 산타할아버지는 찰리의 못된 성격을 고쳐야겠다고 굳게 마음을 먹고 샘의 양말에만 선물을 넣었습니다. 그런데 산타할아버지는 샘과 찰리의 얼굴이 똑같은 탓에 그만 실수를 하고 말았습니다. 찰리가 샘인 줄 알고 찰리의 양말에 선물을 넣고 간 것입니다.

찰리는 새벽에 일어나 샘의 양말에 선물이 없는 것을 알고 자신의 선물을 샘에게 똑같이 넣어 놓고 잠을 잡니다. 선물을 다 돌리고 돌아가는 길에 산타할아버지는 자신의 실수를 깨달았습니다. 다시 찰리네 집에 산타할아버지는 찰리가 자신의 선물을 샘에게 준 사실을 알게 됩니다. 산타할아버지는 샘과 찰리 모두에게 선물을 가득 채우고, 찰리에게는 '착한 아이'라고 적힌 배지를 넣었습니다.

동기 하브루타

엄마 : 동화책 제목은 '산타할아버지는 알고 계신대!'야. 산타할아버지는 뭘 알고 계시는 걸까?

여은 : 나쁜 아이인지 착한 아이인지 알고 계셔.

엄마 : 그렇구나! 그럼 책 표지의 아이들은 지금 뭘 하고 있는 걸까?

여은 : 한 명은 그림을 그리고 있어. 또 한 명은 양말에 고양이가 있는 걸 보고, 키득키득 웃고 있어.

내용 하브루타

엄마 : 샘과 찰리는 어떤 점이 달랐지?

여은 : 찰리는 볼에 충치만 같은 그림이 있어. 샘은 맨날 예쁘게 머리를 땋고 다녀.

엄마 : 왜 산타할아버지가 찰리에게 선물을 주지 않으려고 하셨지?

여은 : 선생님한테 토마토를 던지고, 아줌마한테 물을 튀기고, 가게에서 사탕값을

안 내고 갔고, 고양이한테 낙서도 했어. 찰리는 장난꾸러기야.

엄마 : 찰리네 가족들이 크리스마스 노래를 부를 때 엄마, 아빠가 걱정을 했잖아. 무슨 걱정을 하셨지?

여은 : 메리크리스마스 밤에 산타할아버지가 찰리한테 선물을 안 주실까 봐. 찰리는 나쁜 짓을 많이 했잖아.

마음·생각 하브루타

엄마 : 찰리는 왜 장난을 심하게 친 걸까?

여은 : 샘을 재밌게 웃겨 줄려고.

엄마 : 찰리는 말썽꾸러기인데 엄마, 아빠는 왜 찰리를 미워하지 않았을까?

여은 : 자기 딸이니까. 사랑하니까.

엄마 : 산타할아버지가 찰리 양말에 선물을 넣지 않을 때 어떤 마음이셨을까?

여은 : 산타할아버지의 표정이 '미안해.' 하는 것 같아.

엄마 : 찰리는 샘 양말에는 선물이 없는 것을 보고 어떤 마음이 들었을까?

여은 : 샘이 일어나서 선물이 없는 걸 보면 실망할까 봐. 샘이 걱정됐을 것 같아.

엄마 : 산타할아버지가 샘한테만 선물 주고 찰리한테는 안 줬다면 샘은 어떻게 했을까?

여은 : 슬퍼서 나눠 줬을 것 같아. 샘이랑 찰리는 친하잖아. 서로 받은 것 빌려주고 같이 놀았을 거야.

엄마 : 산타할아버지가 처음에 선물을 넣고 가실 때는 속상해하셨지. 그런데 마지막에 선물을 넣고 가실 때는 기분이 좋아지셨어. 왜 기분이 좋아지신 걸까?

여은 : 찰리가 샘에게 선물을 나눠 준 일을 알게 되셨잖아. 찰리가 착한 일을 해서

선물도 주고 착한 아이라는 배지도 주게 되어 기분이 좋아지셨지.

엄마 : 찰리를 미워하는 사람들이 찰리도 선물 받았다는 것을 알게 되면 어떤 기분일까?

여은 : 산타할아버지가 미울지도 몰라. 찰리가 나쁜 행동을 고쳐야 하는데, 착한 아이라는 배지도 주셨잖아. 그치만 찰리가 샘에게 선물을 나눠 준 걸 알면 사람들도 찰리를 칭찬해 주실 거야.

엄마 : 산타할아버지는 왜 아이들만 선물을 주실까?

여은 : 어른들이 장난감을 가지고 놀아? 아니잖아. 그러니까 아이들한테만 주는 거야. 엄마도 선물 받고 싶어?

엄마 : 그럼. 선물은 누구나 좋아한단다.

실천 하브루타

엄마 : 크리스마스날, 너는 누구한테 선물을 주고 싶어?

여은 : 나쁜 친구한테도 선물을 주고 싶어. 왜냐하면 슬퍼할까 봐.

엄마 : 슬퍼 봐야 다음에는 나쁜 일보다 착한 일을 더 많이 하지 않을까?

여은 : 그래도 친구가 슬프면 싫어.

엄마 : 나쁜 행동을 많이 했는데도 산타할아버지께서 선물을 주신 적이 있니?

여은 : 응. 저번 크리스마스날, 내가 계속 언니를 때려서 산타할아버지께서 선물을 안 주실까 봐 걱정했어. 그런데 아침에 일어나 보니 선물이 있었어.

엄마 : 그럼. 그때도 산타할아버지가 실수하셨을까?

여은 : 내가 슬퍼할까 봐 주신 것 같아.

엄마 : 예은이는 산타할아버지한테 배지를 받으면 뭐라고 적혀 있으면 좋겠어? 어

떤 아이가 되고 싶어?

여은 : 사이좋은 아이. 친절한 아이. 정정당당한 아이.

엄마 : 사이좋은 아이가 되려면 어떻게 해야 할까?

여은 : 언니가 마음에 안 들어도 말로 해야지. 사이좋게 지내야 돼.

표현 하브루타

"어떤 아이가 되고 싶어? 산타할아버지의 배지에 뭐라고 써 있으면 좋겠니?" 이야기하고 배지를 만들어 보세요.

엄마 : 산타할아버지는 어떤 아이에게 선물을 주러 오실까?

여은 : 정정당당한 아이. 지금부터 울지 않고 정정당당할 거예요. 산타할아버지, 선물 주세요.

엄마 : 산타할아버지, 여은이 선물 주세요.

내 옷에는 LO, 친구 옷에는 VE

7세 경연이랑 엄마랑

일과 도구
권윤덕 글/그림 (길벗어린이)

한 소녀와 고양이 한 마리가 동네를 돌아다닙니다. 농장, 병원, 구두 공장, 의상실, 중국 음식점, 목공소, 화실을 방문합니다. 그곳에서 부지런히 일하는 사람들과 도구들을 관찰하고 직접 체험도 해 봅니다.

동기 하브루타

엄마 : 책 표지에 어떤 물건이 보이니?

경연 : 밭에서 쓰는 물건, 붓, 색종이, 꽃, 동물, 공사할 때 쓰는 물건, 신발, 의사가 쓰는 물건.

엄마 : 이 책은 어떤 이야기일까?

경연 : 여러 가지 물건들에 대한 이야기 같아요.

내용 하브루타

엄마 : 친구와 고양이는 어디를 가 보았니?

경연 : 중국음식점 주방 ,구두 방, 옷 방, 병원, 농장, 목공소.

엄마 : 구두 공장에는 무슨 도구가 있었니?

경연 : 가위, 망치, 못, 자.

엄마 : 구두의 종류는 어떤 게 있었니?

경연 : 여름 구두, 부츠, 리본 구두, 찍찍이 구두, 끈이 달린 구두.

엄마 : 의상실에 들어가니까 어떤 도구가 보였어?

경연 : 단추, 실, 바늘, 줄자, 연필, 다리미, 재봉틀, 마네킹 몸, 완성된 옷.

엄마 : 중국 음식점에서는 어떤 요리를 만들었니?

경연 : 짜장면, 탕수육, 동파육.

엄마 : 화실에는 어떤 도구가 있었니?

경연 : 붓, 물감, 테이프, 지우개, 도장, 작은, 그릇, 카메라, 거울, 부채.

마음·생각 하브루타

엄마 : 농장에 간 고양이와 친구는 어떤 기분이었을까?

경연 : 채소를 뽑는 일이 재미있어서 좋았을 거야.

엄마 : 병원에 갔을 때는 어땠을까?

경연 : 무서운 생각이 들었을 거야. 왜냐하면 동생이 아파서 따라갔는데 무서웠거든요.

엄마 : 의사 선생님이 청진기를 갖다 댔을 때 어떤 기분이었을까?

경연 : 차가운 느낌이고, 조마조마해서 기분이 안 좋아.

엄마 : 의상실에서 경연이에게 선물을 준다면 어떤 옷을 선물로 받고 싶니?

경연 : 나랑 친구랑 같은 옷.

실천 하브루타

엄마 : 의상실에 있는 도구 중에서 경연이가 제일 자주 쓰는 건 뭐지?

경연 : 가위.

엄마 : 가위를 안전하게 쓰는 방법은 무엇일까?

경연 : 얼굴에 닿게 하면 안 돼요. 다른 데 쳐다보지 말고 가위만 보면서 써요.

엄마 : 만약 경연이가 구두를 만든다면 어떤 구두를 만들고 싶니?

경연 : 불꽃 같은 빨간색 구두를 만들 거예요.

엄마 : 구두를 만들어서 누구에게 주고 싶니?

경연 : 구두가 필요한 사람들에게 만들어 주고 싶어요. 아빠, 엄마, 고모, 형, 전부 다요.

표현 하브루타

"가위로 무엇을 오릴 수 있을까?" 이야기하고 가위로 색종이 모양 오리기를 해 보세요.

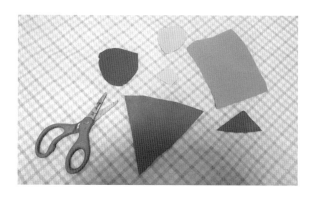

엄마 : 무엇을 오린 거야?

경연 : 풍선 같은 동그라미, 아이스크림 세모, 식빵 네모.

엄마 : 뾰족한 가위를 안전하게 주고받는 방법을 알아?

경연 : 선생님이 친구한테 가위 줄 때 손잡이 쪽을 주라고 했어요.

엄마 : 왜?

경연 : 뾰족한 부분에 찔릴 수 있으니까요.

그림책 하브루타 12_2월 형님이 되었어요

진정한 6살이 아닌 건 부끄러워.

6세 영준이랑 엄마랑

진정한 일곱 살
허은미 글, 오정택 그림 (양철북)

─────────────────

이 세상에는 수많은 7살이 있습니다. 그러나 진정한 7살은 그렇게 많지 않습니다. 진정한 7살이 되려면 어떻게 해야 할까요? 앞니 하나쯤은 빠져야 하고, 음식도 골고루 먹고, 집 주소와 전화번호 정도는 외워야 하고, 친한 친구도 한 명쯤

있어야 하고, 좋아하는 것을 양보할 줄도 알아야 합니다. 가장 중요한 건 혼자 잘 수도 있어야 한다는 것입니다. 하지만 진정한 7살이 안 되면, 진정한 8살이 되면 됩니다.

동기 하브루타

엄마 : 어떤 그림이 보이니? 누구일까?

영준 : 정의를 지키는 슈퍼영웅이야. 슈퍼맨 옷도 입었어. 7이라고 써 있어. 나는 7 읽을 수 있어. 우리 집이 7층이잖아.

엄마 : 이 책의 제목은 '진정한 일곱 살'이고, 글 허은미 선생님. 그림 오정택 선생님이야. 오정택 선생님은 무엇을 하셨을까?

영준 : 그림을 그린 선생님이지. 엄청 잘 그렸어. 좋겠다.

엄마 : 뭐가 좋은데?

영준 : 그림을 잘 그리잖아.

엄마 : 영준이도 잘 그려. 며칠 전에 사자를 엄청 멋지게 그렸잖아.

영준 : 사자는 해님하고 비슷하게 생겼어. 그리기 쉬워. 나는 용을 그리고 싶었는데 어려워서 못 그릴 것 같았어. 그래서 사자를 그렸어.

엄마 : 아, 그랬구나! 엄마는 사자가 멋있어서 깜짝 놀랐는데.

내용 하브루타

엄마 : 영준아. 책 내용이 어땠어?

영준 : 응. 별로 재미없어. 난 7살이 아니니깐. 진정한 6살은 나야. 얘는 왜 7살이야? 왜 나보다 1살 더 많아? 진정한 6살은 뭘 할 수 있어야 돼?

엄마 : '진정한'은 무슨 뜻일까?

영준 : 진짜. 가짜 아니고 진짜.

엄마 : 진정한 7살은 무엇을 할 수 있어야 한대?

영준 : 혼자 자고, 혼자 먹고, 양보도 잘해야 돼.

엄마 : 그런 것들을 못하면 7살이 될 수 없을까?

영준 : 아니, 7살에 못하면 8살에 하면 된대.

마음·생각 하브루타

엄마 : 갑자기 앞니가 빠지면 어떤 마음이 들까?

영준 : 음, 초콜릿 묻은 것 같아서 부끄러울 거야.

엄마 : 그럼 빠지지 않는 게 좋겠지?

영준 : 아냐. 그럼 진정한 7살이 될 수 없잖아.

엄마 : 마음이 통하는 단짝 친구가 있으면 뭐가 좋을까?

영준 : 놀고 싶을 때 마음껏 놀 수 있어. 나도 서준이랑 신나게 놀잖아.

엄마 : 7살은 혼자서 옷을 못 입으면 안 되는 걸까?

영준 : 그래도 7살이지. 진정한 7살 못 되는 거지.

엄마 : 산타할아버지가 실수하셨을 때 어떤 마음이었을까?

영준 : 기분이 나빠 보여. 그래도 7살이니까 참아야지.

엄마 : 왜 아이는 7살인데, 혼자 잠을 못 잤을까?

영준 : 꿈에 무서운 괴물이 나올까 봐.

엄마 : 그러면 몇 살 때 혼자 잘 수 있게 될까?

영준 : 8살.

실천 하브루타

엄마 : 영준이는 6살이지? 진정한 6살은 뭘 할 수 있어야 할까?

영준 : 혼자서 옷을 입을 수 있어야 돼.

엄마 : 영준이는 혼자서 옷을 입을 수 있어?

영준 : 아니. 진정한 6살이 아닌 건 부끄러워.

엄마 : 그러면 어떻게 하면 좋을까?

영준 : 엄마한테 입혀 달라고 하지 말고 혼자 입어 봐야지.

엄마 : 우리 영준이 기특하네. 또 뭘 할 수 있어야 할까?

영준 : 양보를 할 수 있어야 돼.

엄마 : 양보는 언제 어떻게 해야 할까?

영준 : 줄을 설 때 친구가 앞에 서고 싶다고 말하면 양보해야 돼.

엄마 : 항상 앞자리를 양보해 줘야 될까?

영준 : 아니. 내가 앞에 서고 싶을 때도 있어.

엄마 : 그럼 언제 자리를 양보해 줘야 할까?

영준 : 화장실에서 급한 친구한테는 앞에 서게 해 줘야지.

엄마 : 또 진정한 6살의 모습은 뭐가 있을까?

영준 : 놀고 나서 정리도 잘하지.

엄마 : 우와! 영준이가 정리도 잘할 수 있어?

영준 : 그럼. 이제부터 더 잘할 거야.

엄마 : 기대할게. 정리 잘하는 방법 엄마에게도 알려 주렴.

표현 하브루타

"진정한 6살은 어떤 아이일까?" 이야기하고 '내 모습'을 그리고 진정한 6살이 할 수 있는 것들을 그리거나 써 보세요.

엄마 : 영준이가 생각하는 진정한 6살은 어떤 아이야?

영준 : 번개쯤은 무섭지 않아. 유치원 버스도 혼자서 탈 수 있지. 밥도 혼자서 먹어.

난 용감하니깐 진짜 영웅이고 그러니깐 진정한 6살이야!

엄마 : 그럼 이제부터 엄마도 진정한 6살 아들의 엄마.

부록

유아 하브루타 Q&A
탈무드 놀이 하브루타 가이드

부록 1
유아 하브루타 Q&A

Q1. 선생님 하브루타가 뭐예요?

A 하브루타는 전통 유대인들의 특별한 교육 방법이에요. 어린 시절부터 하브루타로 성장한 유대인들은 세계에서 뛰어난 성과를 거두고 있어요. 유대인은 세계 인구의 0.25%에 불과하지만 노벨상 수상자의 30%가 유대인입니다. 또한 교육, 금융, 경제, 언론, 법률 등의 각계각층에서 성공을 이룬 인물이 많아요. 예를 들면, 마이크로소프트의 설립자 빌 게이츠, 페이스북의 창시자 마크 저커버그, 그리고 억만장자 투자자 조지 소로스도 유대인이에요.

하브루타(HAVRUTA)란 'fridendship group'을 의미하는 아람어에서 유

211

래한 말이에요. 히브리어의 '친구'인 '하베르'(친구)와 어원이 같아요. 일반적으로 짝과 이야기를 나누는 것(talking about), 어떤 주제를 가지고 질문·대화·토론·논쟁을 하는 유대인 전통의 일상 및 문화를 '하브루타'라고 해요.

> "질문하라!" 이것이 오천년 유대 교육의 비밀이다.
> ─ 마빈 토케이어

Q2. 왜 유아기에 하브루타가 중요한가요?

A 4차 산업혁명 시대는 인성뿐만 아니라 4C, 소통(Communication), 협력(Collaboration), 창의성(Creative thinking), 비판적 사고력(Critical thinking)의 역량이 요구되고 있어요. 짝을 지어 질문하고 대화, 토론, 논쟁하는 과정에서 다음과 같은 능력을 갖추게 됩니다.

① 지시가 아닌 존중의 대화를 통해 인성을 길러 줍니다.

② 호기심을 가지고 하는 "왜?"라는 질문은 비판적 사고력을 길러 줍니다.

③ 다양한 질문은 다양한 생각, 사고의 전환을 통해 창의성을 길러 줍니다.

④ 짝과의 대화를 통해 소통하고 협력하는 능력을 길러 줍니다.

Q3. 짝은 누구랑 하면 좋을까요?

A 선생님, 친구, 동생, 누나, 형, 엄마, 아빠, 할아버지, 할머니, 빵집 아

저씨, 경찰, 지나가는 사람 등 함께 질문하며 이야기를 나눌 수 있는 사람이라면 누구든지 짝이 될 수 있어요. 누구와 짝이 되느냐보다 관계가 더 중요해요. 짝과의 관계가 수평적일 때 자유롭게 질문하고 대화할 수 있어요.

특히 아이와 어른이 짝이 될 때 주의가 필요해요. 어른들은 '어린아이에게도 배울 점이 있다.'라는 마음가짐으로 하브루타를 해야 돼요. 수직적 관계는 아이들을 가르침의 대상으로만 여기게 되고, 결국 일방적인 질문과 대화로 흐르고 말아요.

> 어떤 사람이 가장 현명한 것일까? 모든 사람에게서 배울 수 있는 사람이다.
> ─탈무드 격언

Q4. 하브루타할 때 주제는 무엇으로 해요?

A 질문하며 대화할 수 있으면 무엇이든 주제가 될 수 있어요. 오늘 있었던 일, 놀이, 그림책, 탈무드 이야기, 전래동화, 명화, 영화, 시사, 경제, 날씨, 계절, 음식, 인물 등 주제는 한계가 없어요.

> 당연하다고 생각하는 것에 의문을 품는 일에서부터 생각의 폭이 확장되는 법입니다.
> ─하시모 다케시, 『슬로 리딩』

Q5. 질문을 강조하는 이유가 무엇인가요?

A 질문은 뇌를 자극하여 생각을 하게 해요. 누군가 질문을 던지면 우

리는 어떻게 하나요?

나에게 던진 질문이 아니더라도 집중하여 생각하도록 하죠. 정답과 관계없이 질문은 생각을 자극해 뇌를 활발하게 움직이게 해요. 적절한 질문은 중요한 정보를 얻게 하죠. 그리고 질문에 대한 생각을 통해 스스로를 설득하게 되고 자신의 생각과 마음을 지킬 수 있어요.

또한 질문은 생각뿐만 아니라 마음을 열게 해요. 경험, 생각, 느낌에 대한 질문은 관심의 표현이에요. 관심이 없다면 질문도 없어요. 누군가가 당신에게 질문을 하게 된다면 그 사람과 가까워질 수 있는 절호의 기회예요. 친해진다는 것은 물리적으로 가까이 있는 것이 아니에요. 그것보다는 서로의 생각과 느낌을 주고받고 공유하며 공감하는 것이에요.

> 질문은 정답보다 중요하다.
> ―아인슈타인

Q6. 어떤 질문이 좋은가요?

A 하브루타를 할 때 자주 사용하는 질문을 유형별로 나누면 다음과 같아요.

① 내용 질문

내용을 바르게 이해하고 있는지 확인하는 질문이에요. 예를 들면, '언제, 어디서, 누가, 왜, 무엇을, 어떻게' 육하원칙을 활용한 질문이에요.

② 상상 질문

내용을 넘어 자유롭게 생각하고 상상할 수 있는 질문이에요. 예를 들면, '만약 ~라면?'이라는 가정법을 활용한 질문이에요.

③ 심화 질문

내용 속에 감추어진 이유와 감정, 생각, 옳고 그름과 관련된 가치, 비교 또는 문제 제기 등의 질문이에요. 예를 들면, '왜 그랬을까?', '마음이 어떨까?', '옳은 행동일까?', '뭐가 문제일까?', '어떻게 해야 할까?', '가장 좋은 방법은 무엇일까?', '더 좋은 방법은 없을까?' 등의 질문이에요.

④ 실천 질문

자신 또는 현재의 삶과 연결하거나 실천하는 방법 등에 관한 질문이에요. 예를 들면, '유사한 경험이 있는가?', '나는 어떻게 해야 할까?' 등의 질문이에요.

⑤ 종합 질문

내용을 종합할 수 있는 주제, 교훈 등을 묻는 질문이에요. 예를 들면, '무슨 이야기를 하고 싶었던 것일까?', '새롭게 알게 된 사실은 무엇인가요?' 등의 질문이에요.

이밖에도 문장 표현, 문장을 통한 유추, 상대방의 의견을 묻는 질문 등 다양한 질문이 있어요.

> 나쁜 답은 있어도 나쁜 질문이란 없다.
> —마빈 토카이어

Q7. 하브루타는 몇 살부터 하면 좋을까요?

A 하브루타는 나이에 상관없이 시작할 수 있어요. 유대인들은 태아 때

부터 하브루타를 해요. 질문의 목적이 꼭 대답을 듣기 위한 것은 아니에요. 질문으로 관심을 이끌어 내고, 표현하는 법을 익히고, 나아가 사고력을 기르는 거예요. 세 살 버릇 여든 간다는 속담처럼 언어 사용도 습관이기 때문에 하브루타는 어린 나이에 시작할수록 좋아요.

Q8. 교실에서는 어떻게 해야 하나요?

A 유아기는 직접 경험과 놀이를 통해 배우는 시기예요. 따라서 하브루타도 일상과 놀이 안에서 자연스럽게 적용해야 돼요. 교육 기관에서는 등원 시간, 자유 선택 놀이 시간, 바깥놀이 시간, 점심시간 등에는 '질문'을 통해 생각과 느낌을 이야기 나눌 수 있어요. 이것을 일상 하브루타라고 해요.

대·소집단 활동 시간에는 유아 발달에 적합한 놀이 하브루타 수업 모형을 다양한 활동 유형(이야기 나누기, 문학 활동, 현장 학습, 관찰 학습, 명화 감상 등)에 적용하여 수업할 수 있어요. (상세한 설명 chapter 3)

Q9. 가정에서는 어떻게 해야 하나요?

A 첫째, 아이와 나누는 일상적인 대화를 '질문'으로 하브루타해요. 질문에 "네 생각은 어때?", "왜 그렇게 생각해"라고 물어봐요. 아이는 "왜냐하면" 하고 생각의 이유를 설명해요.

둘째, 아이들이 가장 재미있어 하는 '그림책'으로 하브루타를 해요. 많은 그림책을 읽는 것보다 한 권을 읽더라도 많은 생각을 끄집어 내는 것이 중요해요. 그림책 하브루타로 책놀이, 말놀이, 생각놀이를 할 수 있어

Q10. 엉뚱한 답을 하는 아이, 어떻게 해야 할까요?

A 질문에 엉뚱한 답을 했더라도 "그렇게 생각했구나!"라고 먼저 인정해 주세요. 이어서 그 이유에 대해 물어보세요. "왜 그렇게 생각했니?" 엉뚱하게 느껴지는 대답 속에 아이의 놀랍고 풍부한 상상력이 담겨 있기도 해요. 만일 단순한 장난이거나 방해하고 싶은 마음이었다면 이유를 말하기가 어렵죠. 이러한 경험이 쌓이면서 엉뚱한 대답을 하는 일이 자연스럽게 줄어들게 돼요.

> 아이들은 누구나 잠재력을 가지고 있다.
> 그 잠재력을 끄집어 내는 방법은 4번째 스위치를 인정해 주는 것이다.
> – 요꼬미네, 『아이를 천재로 키우는 4개의 스위치』

Q11. 질문을 싫어하는 아이, 어떻게 해야 할까요?

A 처음부터 질문을 싫어하는 아이들은 거의 없어요. 기본적인 언어를 사용할 수 있는 나이, 즉 3~5살 정도가 되면 "왜"라는 질문을 많이 해요. 아이들은 눈에 비치는 세상의 모든 것이 새롭기 때문에 궁금한 게 많아요.

어린 시절 질문을 했을 때 "그만 물어봐!", "그게 왜 궁금하니?" 등 부정적인 경험을 했을 수 있어요. 또는 엉뚱한 답을 했을 때 "그게 무슨 말이니?", "어떻게 그런 이상한 생각을 하니?" 같은 비난을 받았을 수도 있어요. 이런 경우 질문할 의지를 잃어버리죠. 나아가 질문에 대답하는 것 자체를 두려워하게 돼요.

이런 아이에게는 일상의 소소한 질문, 정답이 없는 질문을 많이 하는 것이 좋아요. "오늘 뭐했니?", "무슨 놀이를 했니?", "만약 강아지를 키운다면 어떨까?" 이러한 일상적인 것들은 질문과 대답에 대한 거부감을 없애 주지요. 그러기 위해선 무엇보다 어떠한 대답을 해도 인정해 주는 자세가 필요해요.

Q12. 질문하면 무조건 '몰라' 하는 아이, 어떻게 해야 할까요?

A 우선 그대로 받아 주세요. "모를 수도 있어, 생각이 안 날 수도 있지", "엄마도 모르겠는데, 알 수 있는 방법이 있을까?"라며 누구나 모를 수 있다는 것을 알려 주세요. 인터넷, 책 등을 통해 스스로 답을 찾아보도록 격려해 주세요. 좋은 부모나 교사는 아이가 모른다고 말할 때 정답을 가르쳐 주지 않아요. 당장 정답을 아는 것보다 답을 찾아가는 과정이 더 중요하기 때문이에요.

탈무드 놀이 하브루타 가이드

교실과 가정에서 탈무드 하브루타를 해 보세요. 다음의 순서를 참고하세요.

① 누리과정 생활 주제와 연계된 탈무드 이야기와 인성의 덕목을 살펴
  보세요.

② 제시된 탈무드 이야기와 하브루타를 읽어 보세요.

③ 아이의 발달 수준과 집중 시간을 고려해서 질문해 보세요.

④ 동기, 내용, 심화(마음·생각), 실천, 표현 및 종합 하브루타를 연계성
  있게 선택하거나 새롭게 만들어 보세요.

⑤ 탈무드 이야기를 들려주세요. 외워서 들려주면 더욱 좋습니다.

⑥ '아하! 그렇구나!' 하고 아이의 어떠한 대답도 수용해 주세요.

⑦ '왜 그렇게 생각했니?' 하고 생각의 이유를 부드럽게 물어보세요.

⑧ 표현 하브루타는 글, 그림, 만들기, 신체 표현 등 다양한 표현 활동으로 해 보세요.

⑨ '무엇이 궁금하니?'라고 물어보며 질문을 만들어 보세요.

⑩ '멋진 질문이다!' 하고 질문한 것 자체를 칭찬해 주세요.

⑪ 아이에게만 질문하고 대답하게 하지 말고 함께 생각을 나눠 주세요.

■ 누리과정 생활 주제와 연계된 탈무드 이야기

생활 주제	탈무드 이야기	인성 덕목
유치원, 어린이집과 친구	인생의 세 친구	나눔
봄	할아버지의 과일나무	배려
나와 가족	다이아몬드보다 아름다운 이야기	효
	형제의 우애	배려
우리 동네	비싼 혀 싼 혀	절제
건강과 안전	장님의 등불	배려
생활 도구	보잘것없는 그릇	존중
교통 기관	배를 탄 사람들	절제
	배에 난 구멍	배려
환경과 생활	나무들의 왕 세우기	절제
가을	욕심 많은 여우	절제
겨울	늘 고마워하는 마음	존중

인생의 세 친구

옛날에 왕이 한 사나이에게 신하를 보내어 왕궁으로 빨리 들어오도록 명령했어요.
사나이는 걱정이 되어 혼자서는 갈 수 없었어요. 고민하다가 친구에게 같이 가자
고 부탁하기로 했어요.

그 사나이에게는 세 친구가 있었어요. 사나이는 첫 번째 친구를 무척 소중하게 아
끼며 제일 좋은 친구라고 생각하고 있었답니다. 두 번째 친구도 역시 친하기는 했
으나, 첫 번째 친구처럼 소중하지는 않았어요. 세 번째 친구도 그냥 친구일 뿐 그
다지 소중하게 생각하지 않았어요.

먼저 첫 번째 친구에게 같이 가자고 했어요. 그런데 그 친구는 단번에 싫다고 거절
하는 겁니다. 다시 두 번째 친구에게 부탁했어요. 그런데 궁궐 문 앞까지만 따라가
줄 수 있다고 했어요. 그러나 세 번째 친구는 "자네는 좋은 일을 많이 했으니, 걱정
하지 말게. 내가 함께 가서 자네의 결백을 증명해 주겠네." 하며 곧 떠날 준비를 했
어요.

첫 번째 친구는 '재산', 두 번째 친구는 '친척', 세 번째 친구는 '착한 행실'이에요.
'착한 행실'은 평소에는 눈에 띄지 않지만 죽은 뒤에 영원히 남는답니다.

동기 하브루타

– 왕궁을 본 적이 있나요?

– 만약 왕이 왕궁으로 들어오라고 하면 어떤 마음이 들까요?

– 옛날에 한 사나이를 왕이 왕궁으로 불렀대요. 무슨 이야기인지 들어 볼까요?

내용 하브루타

– 첫 번째 친구는 함께 왕궁에 가 주었나요?

– 두 번째 친구는 어디까지 가 줄 수 있다고 했나요?

– 첫 번째, 두 번째, 세 번째 친구는 무엇을 말하는 건가요?

심화(마음·생각) 하브루타

– 사나이는 첫 번째 친구가 단번에 거절했을 때 마음이 어땠을까요?

– 사나이는 두 번째 친구가 왕궁 문 앞까지만 갈 수 있다고 했을 때 마음이 어땠을까요?

– 사나이는 세 번째 친구가 함께 가 준다고 했을 때 마음이 어땠을까요?

– 왜 죽은 후에는 재산, 친척은 함께 있어 주지 못하고 착한 행실만 남을까요?

실천 하브루타

– 교실과 가정 또는 동네에서 할 수 있는 착한 행동에는 무엇이 있을까요?

– 왜 착한 행동을 해야 할까요?

– 착한 행동을 하고 나면 어떤가요?

표현 및 종합 하브루타(쉬우르)

– 내가 할 수 있는 착한 행동을 표현해 보세요.

– 내가 할 수 있는 착한 행동은 무엇인가요?

– 착한 행동은 우리에게 어떤 도움을 주나요?

할아버지의 과일나무

어느 따뜻한 봄날이었어요. 한 할아버지가 집 앞마당에서 나무 한 그루를 심고 계셨어요. 한 젊은이가 그 앞을 지나가다가 궁금해서 물어보았어요.
"할아버지! 지금 뭐하고 계세요?"
"나무를 심고 있다네."
"나무요? 그 나무는 몇 년이 지나야 열매를 맺을 수 있나요?"

"아마도 70년은 걸리겠지?"

"네? 그럼 할아버지께서는 드시지도 못하잖아요. 나무를 심을 필요가 없는 것 아닌가요?"

"허허! 이 사람아! 내가 태어났을 때 우리 집 앞마당 과일나무에는 과일이 주렁주렁 열렸다네. 나는 자라면서 맛있는 사과와 포도를 실컷 따 먹었지. 그 나무는 내가 태어나기도 전에 할아버지께서 심어 놓은 것이었지. 손자인 나를 위해서 말이야. 그러니 나도 내 손자들을 위해서 여기에 나무를 심는 걸세. 허허."

그리고는 정성껏 나무를 심으셨습니다.

동기 하브루타

– 과일나무를 본 적이 있나요?

– 과일나무는 누가 심었을까요?

– 옛날에 과일나무를 심는 할아버지가 있었대요. 이야기 속으로 들어가 볼까요?

내용 하브루타

– 이야기에 누가 나왔나요?

– 젊은이는 무엇이 궁금했나요?

– 할아버지는 왜 나무를 심었을까요?

심화(마음·생각) 하브루타

– 할아버지의 나이는 몇 살일까요?

– 할아버지는 어떤 나무를 심고 계셨을까요?

– 나무 대신 무엇을 심을 수 있을까요?

– 나중에 손자가 열매를 먹으면서 어떤 마음이 들었을까요?

실천 하브루타

– 나도 할아버지처럼 다른 사람을 위해 할 수 있는 일이 있을까요?

– 나도 젊은이처럼 궁금한 것이 있으면 물어볼 수 있을까요?

표현 및 종합 하브루타(쉬우르)

– 내가 심고 싶은 나무, 꽃과 식물을 표현해 보세요.

– 할아버지는 어떤 사람인 것 같나요?

– 나도 나중에 할아버지가 될까요?

– 어떤 할아버지가 되고 싶은가요?

다이아몬드보다 아름다운 이야기

옛날 이스라엘에 한 청년이 살고 있었어요. 그는 금화 1천 개의 값어치가 있는 다이아몬드를 갖고 있었어요. 어느 날 한 랍비가 6천 개의 금화를 가지고 청년에게 찾아왔어요. 랍비는 다이아몬드를 사서 사원을 아름답게 꾸미려고 했어요. 청년은 다이아몬드를 비싼 값에 팔게 되어 기뻤어요.

다이아몬드는 금고에 보관되어 있었어요. 그런데 청년의 아버지가 금고의 열쇠가 든 베개를 베고 잠을 자고 있었어요. 청년은 랍비에게 말했어요.

"아버지의 단잠을 깨울 수 없습니다. 다이아몬드를 팔지 않겠습니다."

큰돈을 벌 수 있는데도 아버지의 단잠을 깨우지 않은 청년의 효도에 감동한 랍비는 이 아름다운 이야기를 많은 사람에게 알렸답니다.

동기 하브루타

– 보석을 본 적이 있나요?

– 보석에는 어떤 종류가 있나요?

– 다이아몬드를 가지고 있던 청년이 있대요. 만나 볼까요?

내용 하브루타

– 왜 랍비는 다이아몬드를 사려고 했나요?

– 왜 청년은 다이아몬드를 팔지 않았나요?

– 랍비는 청년의 행동을 무엇이라고 생각했나요?

– 효도가 무엇일까요?

심화(마음·생각) 하브루타

– 청년이 아버지의 단잠을 깨웠다면 아버지의 마음은 어땠을까요?

– 청년이 다이아몬드를 팔지 않겠다고 말했을 때 랍비의 마음은 어땠을까요?

– 아버지의 단잠을 깨우지 않고 다이아몬드를 팔 수 있는 방법은 무엇일까요?

실천 하브루타

– 다이아몬드보다 소중한 사람이 있나요?

– 지금 엄마, 아빠를 위해 할 수 있는 효도는 무엇일까요?

– 어른이 되면 엄마, 아빠에게 무엇을 선물해 주고 싶나요?

표현 및 종합 하브루타(쉬우르)

– 소중한 분(부모님)에게 편지를 써 보세요.

– 부모님을 위해 지금 할 수 있는 일을 표현해 보세요.

– 어른이 되면 부모님께 드리고 싶은 선물을 표현해 보세요.

– 다이아몬드보다 소중한 사람에게 어떻게 말하고 행동해야 할까요?

형제의 우애

옛날 이스라엘에 사이좋은 두 형제가 살고 있었어요. 형은 결혼해서 아내와 아들들과 함께 살았지만 동생은 혼자였어요. 형제의 아버지는 돌아가시면서 형제에게 각각 농사지을 땅을 남겨 주었어요.

형제는 농사를 지어서 가을에 곡식을 거두었어요. 동생은 형이 가족이 있기 때문에 많은 곡식이 필요하다고 생각했어요. 동생은 매일 저녁 형의 곳간에 곡식을 갖다 놓았어요. 형은 동생인 혼자여서 외로울 것이니 곡식이라도 많아야 할 거라고 생각했어요. 형은 매일 저녁 동생의 곳간에 곡식을 갖다 놓았어요.

두 형제는 곳간에 곡식이 그대로 있어서 이상하다고 생각했어요. 그러던 어느 날 두 형제가 서로의 곳간에 곡식을 옮기다가 그만 마주쳤어요. 그제야 곳간에 곡식이 줄지 않은 이유를 알았어요. 형제는 감격해서 서로를 부둥켜안고 눈물을 흘렸어요. 그 뒤로도 형제는 서로를 더 챙기고 아끼며 사이좋게 지냈답니다.

동기 하브루타

– 형제 또는 자매가 있나요?

– 무슨 놀이를 함께 하나요?

– 사이가 좋은가요? 옛날에 사이좋은 두 형제가 있었대요. 이야기 속으로 들어가 볼까요?

내용 하브루타

– 형제는 가을에 무엇을 했나요?

– 왜 형은 동생이 더 많은 곡식이 필요하다고 생각했나요?

– 왜 동생은 형이 더 많은 곡식이 필요하다고 생각했나요?

– 왜 형과 동생이 곳간의 곡식을 옮겼는데, 곡식의 양이 줄지 않았나요?

심화(마음·생각) 하브루타

– 어떤 곡식이었을까요?

– 형제가 사는 집은 무엇으로 만든 집이었을까요?

– 형의 가족은 사이가 어땠을까요?

– 곡식을 옮기다가 만난 두 형제의 마음은 어땠을까요?

실천 하브루타

– 누나나 형, 동생이 있나요? 어떻게 지내고 있나요?

– 만약 누나나 형 또는 동생이 있다면 어떻게 지내고 싶나요?

– 가족의 사이가 어떤가요?

표현 및 종합 하브루타(쉬우르)

– 얼굴 그리기, 인형 만들기 등으로 나의 형제, 자매를 표현해 보세요.

– 그림, 점토 등으로 만들기, 가족 액자 만들기, 가족 책자 만들기 등으로 우리 가
  족을 표현해 보세요.

– 가족과 사이좋게 지내려면 어떻게 해야 할까요?

비싼 혀 싼 혀

옛날 한 랍비에게 하인이 있었어요. 어느 날 랍비는 하인에게 "세상에서 가장 비싼
음식을 사 오라." 하고 말했어요. 잠시 후 하인은 혀 고기를 사 왔어요.
다음 날 랍비는 하인에게 "세상에서 가장 싼 음식을 사 오라." 하고 말했어요. 그러
자 그 하인은 또 다시 혀 고기를 사 왔어요.
랍비는 비싼 음식도 싼 음식도 혀 고기를 사 온 하인에게 화가 났어요.

"아니, 왜 비싼 요리도 싼 요리도 혀 고기인가?"

그 하인은 "혀 고기라는 것은 어떻게 사용하느냐에 따라 세상에서 가장 비쌀 수도, 가장 쌀 수도 있기 때문입니다."라고 대답했어요.

동기 하브루타

– 시장 또는 마트에 가 본 적이 있나요?

– 시장(마트)에서 가장 비싼 물건이 무엇이라고 생각하나요?

– 시장(마트)에서 가장 싼 물건이 무엇이라고 생각하나요?

– 시장에서 사 온 물건과 관련된 이야기가 있어요.

내용 하브루타

– 하인은 세상에서 가장 비싼 음식으로 무엇을 사 왔나요?

– 하인은 세상에서 가장 싼 음식으로 무엇을 사 왔나요?

– 왜 랍비는 화가 났나요?

– 왜 하인은 가장 비싼 음식도 싼 음식도 혀 고기라고 했나요?

심화(마음·생각) 하브루타

– 내가 만약 하인이라면 가장 비싼 음식으로 무엇을 사 왔을까요?

– 내가 만약 하인이라면 가장 싼 음식으로 무엇을 사 왔을까요?

– 비싼 혀는 어떤 말을 할까요?

– 싼 혀는 어떤 말을 할까요?

– 혀 고기의 맛은 어떨까요?

실천 하브루타

– 나의 혀는 어떤 혀인가요?

– 싼 혀가 하는 말을 하고 싶을 때는 없나요?

– 싼 혀가 하는 말을 하고 싶을 때는 어떻게 하나요?

표현 및 종합 하브루타(쉬우르)

– 비싼 혀와 싼 혀가 하는 말을 직접 써 보게 하거나 아이의 말을 받아 적어 주세요.

– 비싼 혀와 싼 혀가 하는 말은 무엇이었나요?

– 어떤 말을 사용해야 할까요?

– 왜 고운 말을 사용해야 할까요?

장님의 등불

옛날에 한 사나이가 어두운 밤에 거리를 지나고 있었어요. 얼마 동안 걸어가는데 불빛이 보였어요. 멀리 맞은편에서 어떤 사람이 등불을 들어 걸어오고 있었어요. 가까이 다가가 보니 그 사람은 장님이었어요. 사나이는 장님이 등불을 갖고 다니는 이유가 궁금해서 조심스럽게 물어보았어요.

"당신은 등불이 필요없을 텐데, 왜 등불을 들고 다닙니까?"

그러자 장님이 이렇게 대답했어요.

"이 등불은 나를 위한 등불이 아닙니다. 당신처럼 눈이 보이는 사람을 위한 등불입니다. 내가 등불을 들고 걸어가면, 나를 알아보고 피할 수 있을 테니까요."

동기 하브루타

– 눈이 보이지 않는 사람을 만나 본 적이 있나요?

– 눈이 보이지 않는 사람을 무엇이라고 부를까요? (시각장애인)

– 예전에는 시각장애인을 장님이라고 불렀어요. 옛날이야기 속으로 들어가 볼까요?

내용 하브루타

– 사나이는 어두운 밤에 불빛을 보았어요. 그것은 무엇이었나요?

– 장님은 누구를 위해 등불을 가지고 다닌다고 했나요?

– 장님은 왜 등불을 가지고 다녔나요?

심화(마음·생각) 하브루타

– 장님은 어디를 가고 있었을까요?

– 앞이 보이지 않는데, 밤길을 걸어 다니면 어떨까요?

– 만약 장님이 등불을 갖고 다니지 않으면 어떤 일이 생길 수 있을까요?

– 등불 대신에 무엇으로 어두운 밤을 밝힐 수 있을까요?

실천 하브루타

– 나는 다른 사람을 위해 한 일이 있나요? (가정에서, 교실에서)

– 배려는 무엇일까요?

– 배려했을 때 어떤 기분이었나요?

– 나는 다른 사람을 위해 어떤 일을 할 수 있을까요?

표현 및 종합 하브루타(쉬우르)

– 내가 가지고 다니고 싶은 등불을 표현해 보세요.

– 집에서 가족들을 위해 할 수 있는 일을 표현해 보세요.

– 교실에서 친구들을 위해 할 수 있는 일을 표현해 보세요.

– 나는 어떤 등불을 가지고 다니고 싶나요?

– 오늘 다른 사람을 위해 할 수 있는 일을 실천해 볼까요?

보잘것없는 그릇

옛날에 못생겼지만 학식이 풍부하고 존경받는 랍비가 있었어요. 어느 날 랍비가
왕궁에 갔어요. 그런데 공주가 랍비의 얼굴을 보고 웃음을 터트렸어요.

"하하하! 아무리 학식이 풍부하다지만, 이렇게 못생겼다니."

그러자 랍비가 공주에게 물었어요.

"공주님, 이 왕궁에서는 담근 포도주를 흙으로 만든 항아리에 담아 두시나요?"

"예, 그렇소."

"아니, 어떻게 왕궁에서 드시는 포도주를 그런 보잘것없는 그릇에 담아 둔단 말입
니까? 귀한 포도주이니 금이나 은으로 만든 항아리에 담으셔야지요."

그러자 공주는 그날 신하들을 불러 왕궁에 있는 포도주를 모두 금 항아리로 옮겨
담게 했어요. 얼마 후 금 항아리에 담겨 있던 포두주의 맛은 모두 변해 버렸어요.
화가 난 공주는 그 랍비를 불러서 따졌어요.

"랍비님! 금 항아리는 포도주의 맛을 변하게 한다는 사실을 아셨을 텐데, 왜 저한
테 이런 일을 하도록 하신 거예요?"

랍비는 이렇게 대답했어요.

"저는 포도주가 보잘것없는 그릇에 담겨 있을 때 더 맛있었던 것처럼 사람도 겉으
로 보이는 생김새보다 지혜가 더 중요하다는 것을 말하고 싶었을 뿐입니다."

동기 하브루타

– 랍비에 대해 들어 본 적이 있나요?

– 랍비는 어떤 사람일까요?

– 옛날에 아주 못생긴 랍비가 살았대요. 랍비 이야기를 들어 볼까요?

내용 하브루타

– 왜 왕궁의 공주는 랍비를 보고 크게 웃었나요?

– 왜 공주는 포도주를 금 항아리에 보관하라고 했나요?

– 금 항아리에 담은 포도주는 어떻게 되었나요?

– 지혜는 무엇일까요?

심화(마음·생각) 하브루타

– 랍비는 어떻게 생겼을까요?

– 랍비를 보고 공주가 웃었을 때 랍비는 어떤 마음이었을까요?

– 원래 왕궁의 포도주는 어떤 맛이었을까요?

– 금 항아리에 담은 포도주는 어떤 맛이었을까요?

실천 하브루타

– 나의 얼굴은 어떤 점이 특별한가요?

– 친구가 나의 얼굴이나 모습을 보고 놀린 적이 있나요?

– 친구의 얼굴이나 모습을 보고 놀린 적이 있나요?

표현 및 종합 하브루타(쉬우르)

– 내 얼굴을 표현해 보세요.

– 짝꿍 얼굴을 표현해 보세요.

– 내가 갖고 싶은 항아리를 표현해 보세요.

– 흙 항아리, 금 항아리에 담고 싶은 것을 표현해 보세요.

– 겉으로 보이는 모습보다 지혜가 더 중요한가요? 왜 그런가요?

– 지혜를 얻기 위해서는 무엇을 해야 할까요?

배를 탄 사람들

먼 도시로 가던 배가 풍랑을 만났어요. 배는 다행히 가까이 있는 아름다운 섬에 도착했어요. 배에 타고 있던 사람들은 네 무리로 나뉘었어요.

첫 번째 사람들은 배에 그대로 남아 있었어요. 그 사람들은 배가 언제 떠날지 불안해서 내릴 수가 없었어요. 두 번째 사람들은 배에서 가까운 곳에서 아름다운 섬을 구경했어요. 그들은 맛있는 과일을 따 먹고 신선한 바람을 쐰 후 배로 돌아왔어요. 세 번째 사람들은 아름다운 섬의 모습에 빠져서 너무 멀리까지 갔어요. 배가 떠나는 소리를 듣고 허둥지둥 달려왔지요. 그 바람에 물건을 섬에 놓고 왔어요. 네 번째 사람들은 배에서 먼 곳까지 가서 놀고먹고 늘어지게 잠을 잤어요. "선장이 놓고 가지는 않을 거야."라고 생각했어요.

배는 떠나 버리고 네 번째 사람들은 죽을 때까지 섬에서 살게 되었어요.

동기 하브루타

– 아름다운 섬에 가 본 적이 있나요?

– 우리나라에는 어떤 섬이 있나요?

– 아름다운 섬에 간 사람들의 이야기가 있대요. 이야기 속으로 들어가 볼까요?

내용 하브루타

– 배는 무엇을 만났나요?

– 풍랑을 만난 배는 어디에 들렀나요?

– 첫 번째 사람들은 어떻게 행동했나요?

– 두 번째 사람들은 어떻게 행동했나요?

– 왜 세 번째 사람들은 물건을 섬에 놓고 왔나요?

– 왜 네 번째 사람들은 배를 놓치고 말았나요?

심화(마음·생각) 하브루타

– 아름다운 섬에는 어떤 나무와 꽃, 동물 들이 있었을까요?

– 만약 내가 배를 탔다면 몇 번째 사람처럼 행동했을까요? 그 이유는 무엇인가요?

– 세 번째 사람들은 섬에 어떤 물건을 놓고 왔을까요?

– 네 번째 사람들은 배를 놓쳐서 어떤 마음이었을까요?

– 네 번째 사람들은 섬에서 무엇을 하며 어떻게 살았을까요?

– 선장은 어떤 사람이었을까요?

실천 하브루타

– 교실에서 꼭 해야 하는 일이 있나요? 무엇인가요?

– 놀이를 한 다음에는 무엇을 해야 할까요?

– 학교에 가면 무엇을 해야 할까요?

– 학생이 되면 수업 시간과 쉬는 시간이 있어요. 수업 시간과 쉬는 시간에는 무엇
을 해야 할까요?

표현 및 종합 하브루타(쉬우르)

– 타고 싶은 배를 표현해 보세요.

– 아름다운 섬을 표현해 보세요.

– 아름다운 섬에 놓고 온 물건을 표현해 보세요.

– 몇 번째 사람들이 가장 지혜로운 사람들일까요?

– 지혜로운 사람이 되려면 어떻게 해야 할까요?

배에 난 구멍

아름다운 호숫가에 한 가족이 살고 있었어요. 가족은 배 한 척을 가지고 있었어요. 아버지와 어머니, 두 아들은 작은 배를 타고 놀기를 좋아했어요. 아버지는 겨울이 되자 배를 보관하려다 배 밑바닥에 구멍이 뚫린 것을 보았어요. 아버지는 내년 봄에 고치기로 생각하고 페인트공에게 페인트칠만 부탁했어요.

다음 해 봄이 되자, 두 아들은 배를 타고 호수에서 놀고 싶어 했어요. "조심히 타야 한다." 아버지가 허락했어요. 두 아들은 신이 나서 배를 타고 놀았어요. 그런데 한참이 지나도 아들들이 돌아오지 않았어요. 아버지는 걱정이 되었지요. 그러다가 문득 배의 구멍이 생각났어요. "아차! 배에 구멍이 있다는 걸 깜빡 잊었네! 아이들은 수영도 못하는데!"

아버지는 호수로 허겁지겁 뛰어갔어요. 그런데 두 아들은 배를 호수에서 끌어올리고 있었어요. 아버지는 그때서야 마음이 놓였어요. 아버지는 배 밑바닥을 살펴보았어요. 구멍은 잘 막혀 있었어요. "어떻게 된 일이지?" 아버지는 고개를 갸웃했어요. 그러다 갑자기 페인트공이 떠올랐어요. "아! 그래. 페인트공이 페인트칠을 하면서 막아 주었구나."

아버지는 선물을 사서 페인트공을 찾아갔어요. "당신이 작년에 저희 배 밑바닥에 난 구멍을 막아 주셨지요?" "아닙니다. 그저 배에 작은 구멍이 나서 막아 드린 것뿐인데요." 페인트공은 선물을 받지 않으려고 했어요. "페인트칠만 부탁했는데, 배의 구멍까지 막아 주셨습니다. 정말 감사합니다. 당신의 수고로 제 두 아들은 목숨을 건졌습니다."

동기 하브루타

- 배를 타 본 적이 있나요? 어떤 기분이었나요?
- 배 타기를 좋아하는 형제가 있었대요. 만나 볼까요?

내용 하브루타

- 가족은 여름이면 호수에서 무엇을 타고 놀았나요?

- 아버지는 페인트공에게 무엇을 해 달라고 했나요?

- 아들들이 돌아오지 않자, 아버지는 무슨 생각이 났나요?

- 아버지가 확인해 보니, 배의 구멍은 어떻게 되어 있었나요?

심화(마음·생각) 하브루타

- 배에 구멍이 있었던 생각이 났을 때 아버지의 마음은 어땠을까요?

- 만약 페인트공이 배의 구멍을 막아 주지 않았다면 어떤 일이 일어났을까요?

- 아들들은 무엇을 하느라 늦었을까요?

- 아버지는 페인트공에게 어떤 선물을 가지고 갔을까요?

실천 하브루타

- 가족이랑 여름에 함께 하고 싶은 놀이가 있나요?

- 페인트공처럼 가족이나 친구를 도와준 적이 있나요?

- 교실이나 가정에서 할 수 있는 작은 일은 무엇이 있을까요?

- 페인트공처럼 작은 일에도 열심히 하나요?

표현 및 종합 하브루타(쉬우르)

- 내가 타고 싶은 배 표현하기

- 내가 만약 페인트공이라면 : 배 색칠하기

- 내가 만약 아버지라면 페인트공에게 드리고 싶은 선물 표현하기

- 페인트공처럼 작은 일도 열심히 하면 어떻게 될까요?

나무들의 왕세우기

한 숲에 있는 나무들은 자신들을 다스릴 왕을 세우고 싶어 했어요. 나무들은 올리브나무에게 다가갔어요.

"우리 숲의 왕이 되어 주세요!"

올리브나무가 물었어요.

"왜 내가 너희의 왕이 되어야 하지? 사람들은 나를 소중하게 대하는걸. 굳이 왕이 될 필요가 없어."

나무들은 무화과나무를 찾았어요.

"우리 숲의 왕이 되어 주세요!"

무화과나무가 대답했어요.

"왜 내가 너희의 왕이 되어야 하지? 나는 나의 달콤한 열매와 함께 있고 싶어."

나무들은 포도나무에게 다가갔습니다.

"우리 숲의 왕이 되어 주세요!"

포도나무가 대답했어요.

"왜 내가 너희의 왕이 되어야 하니? 나는 포도주를 만드는 포도송이가 있어. 포도주는 사람들을 즐겁게 하지. 나는 왕이 될 필요가 없어."

나무들은 가시나무를 찾아갔어요.

"우리 숲의 왕이 되어 주세요!"

가시나무가 대답했어요.

"정말 내가 왕이 되기를 원하니? 그러면 내 그늘 속으로 들어와서 살아."

동기 하브루타

- 울창한 숲을 본 적이 있나요?

- 울창한 숲의 나무들도 왕이 있을까요?

- 왕을 세우고 싶었던 숲의 이야기가 있대요. 들어 볼까요?

내용 하브루타

– 숲의 나무들은 무엇을 필요로 했나요?

– 올리브나무는 왜 왕이 될 필요가 없다고 했나요?

– 포도나무는 왜 왕이 될 필요가 없다고 했나요?

– 가시나무는 만약 자신이 왕이 되면 어떻게 하라고 했나요?

심화(마음·생각) 하브루타

– 왜 숲의 나무들은 왕이 필요했을까요?

– 꼭 왕이 필요할까요?

– 가시나무 그들에 들어가면 숲은 어떻게 될까요?

– 가시나무 아래에서 숲은 행복할까요?

실천 하브루타

– 나도 숲의 나무들처럼 필요하지 않은 걸 갖고 싶은 적이 있나요?

– 왜 그것을 갖고 싶었나요?

– 갖게 되었을 때는 어떻게 했나요?

– 필요 없는 것을 많이 사게 되면 어떻게 될까요?

– 나에게 필요 없는 옷, 장난감 등은 어떻게 하면 좋을까요?

표현 및 종합 하브루타(쉬우르)

– 집에 있는 물건(장난감) 중 필요 없는 물건(장난감)을 그림으로 표현해 보세요.

– 벼룩시장에 가 본 경험 그림으로 표현해 보세요.

– 필요 없는 물건이 갖고 싶을 때 어떻게 해야 할까요?

욕심 많은 여우

한 여우가 탐스러운 포도밭을 지나가고 있었어요. 포도밭에은 높은 울타리가 쳐져 있어요. 여우는 포도가 너무 먹고 싶었어요. 그러나 울타리에 여우의 배가 끼어 들어가지 못했어요. 포도밭에 들어가기 위해 여우는 삼일 동안 굶었지요.

배가 홀쭉해진 여우는 삼일 후 포도밭에 들어갈 수 있었어요. 여우는 잘 익은 포도를 실컷 골라서 먹었어요. 여우는 불룩해진 배를 두드리며 좋아했어요.

하지만 울타리 밖으로 나가려다 여우의 배가 울타리 사이에 끼고 말았어요. 여우는 배가 홀쭉해질 때까지 울타리 사이에 끼어 다시 삼일을 굶어야 했어요.

동기 하브루타

−가을에는 어떤 과일이 열리나요?

− 어떤 과일을 좋아하나요? 포도를 좋아하는 사람이 있나요?

− 탈무드 이야기에 포도를 먹고 싶었던 여우가 있대요. 이야기 속으로 들어가 볼까요?

내용 하브루타

− 여우는 무엇이 먹고 싶었나요?

− 왜 여우는 포도밭에 들어가지 못했나요?

− 여우는 어떻게 포도밭에 들어갔나요?

− 포도를 다 먹은 여우는 왜 울타리를 빠져나갈 수 없었나요?

심화(마음·생각) 하브루타

− 울타리에 낀 여우의 마음은 어땠을까요?

− 만약 여우가 적당히 먹었다면 어떻게 됐을까요?

– 만약 여우가 다른 친구들을 불러서 함께 먹었다면 어떻게 됐을까요?

실천 하브루타

– 욕심이 무엇일까요?

– 나는 욕심을 부린 적이 있나요?(음식, 옷, 장난감 등)

– 마음속에 욕심이 들어오면 어떻게 해야 할까요?

표현 및 종합 하브루타(쉬우르)

– 내가 욕심 부리는 것(음식, 옷, 장난감 등) 표현하기

– 욕심을 부린 여우는 어떻게 되었나요?

– 욕심을 나눔의 마음으로 바꾸면 어떨까요?

늘 고마워하는 마음

옛날 한 마을에 가난한 장사꾼이 있었어요. 장사꾼은 가난했지만 늘 고마워하는 마음으로 살았어요. 어느 날 장사꾼은 물건을 팔기 위해 시장으로 떠났어요. 머리에 물건을 한 보따리 얹고 걷기 시작했지요. 한참을 걷고 있는데, 뒤에서 짐을 싣지 않은 마차가 빠르게 달려왔어요.

"길을 비켜요. 마차가 오는데 멍하니 서 있으면 어떡해요?"

그러고는 쌩하니 지나쳐 갔어요. 장사꾼은 화를 내지 않았어요. "길이 험하니 조심하세요!" 오히려 마차꾼을 걱정했어요.

또다시 길을 가고 있는데, 이번에는 짐을 가득 실은 마차가 장사꾼 앞에 멈추었어요.

"시장에 가시나요? 태워 드리고 싶은데, 보시다시피 제 마차에 짐이 꽉 차 있네요."

"괜찮습니다. 그 마음만으로도 고맙습니다." 장사꾼은 웃으면서 말했어요.

'이 세상은 참 좋은 곳이야. 저렇게 착한 사람이 있으니 말이야.'

장사꾼은 이런 생각을 하면서 나무그늘에 잠시 앉아서 쉬었어요. 그때였어요. 장사꾼 앞에 짐을 가득 실은 또 다른 마차가 섰어요.

"시장에 가는 길이시지요? 같이 가시지요. 태워 드리겠습니다."

마차꾼은 마차에 짐이 가득 있었지만 짐을 한쪽으로 옮겼어요. 그리고 장사꾼이 앉을 자리를 마련해 주었어요.

"고맙습니다."

'장사를 할 수 있는 것도 고마운 일인데, 이렇게 마차도 얻어 탈 수 있게 되다니. 하나님 고맙습니다.'

장사꾼은 감사 기도를 드리고 옆에 놓아두었던 보따리를 다시 머리에 얹었어요.

얼마 후 마차가 시장에 도착했어요. 그런데 마차꾼은 장사꾼을 보고 깜짝 놀랐어요.

"아니 왜 머리에 짐을 얹고 계신가요?"

마차꾼은 웃으며 대답했어요.

"저를 태워 주신 것도 감사한데, 제 짐까지 내려놓을 수는 없었습니다."

동기 하브루타

－고마운 마음을 가진 적이 있나요?

－ 누구에게 고마운 마음을 가졌었나요?

－ 옛날에 항상 고마운 마음을 가진 장사꾼이 있었대요. 이야기 속으로 들어가 볼까요?

내용 하브루타

－ 첫 번째 마차꾼은 장사꾼에게 어떻게 했나요?

－ 장사꾼은 첫 번째 마차꾼에게 어떤 마음을 가졌나요?

－ 두 번째 마차꾼은 장사꾼에게 어떻게 했나요?

－ 장사꾼은 두 번째 장사꾼에게 어떤 마음을 가졌나요?

– 마지막 마차꾼은 장사꾼에게 어떻게 했나요?

심화(마음·생각) 하브루타

– 장사꾼의 보따리에는 무엇이 들어 있었을까요?

– 장사꾼은 물건을 많이 팔았을까요?

– 장사꾼은 물건을 팔아서 번 돈으로 무엇을 했을까요?

– 첫 번째 마차꾼은 왜 그렇게 바빴을까요?

실천 하브루타

– 나는 장사꾼처럼 고마운 마음을 가진 적이 있나요? 왜 고마워했나요?

– 나는 세 번째 마차꾼처럼 누군가를 도와준 적이 있나요?

– 누군가를 도와주었을 때 어떤 기분이 들었나요?

– 왜 다른 사람을 도와주어야 한다고 생각하나요?

표현 및 종합 하브루타(쉬우르)

– 장사꾼의 보따리에 들어 있는 물건을 그림 또는 모루, 점토 등으로 다양하게 표현해 보세요.

– 내게 고마운 사람에게 편지를 써 보세요.

– 내게 고마운 사람에게 점토 등으로 선물을 만들어 보세요.

– 어떤 사람에게 고마운 마음을 표현했나요?

| 참고문헌 |

강치원(2013).『토론의 힘』. 느낌이 있는 책.

Garry Landreth 지음. 유미숙 역(2009).『놀이치료』. 학지사.

과학기술부(2013).『3~5세 연령별 누리과정』. 보건복지부.

김영애(2012).『사티어 빙산의사소통』. 김영애가족치료연구소.

다니엘 핑크 지음. 김명철 역(2012).『새로운 미래가 온다』. 한국경제신문사.

문혁준 외 4인(2014).『유아발달』. 창지사.

알프레드 에더스하임 지음. 김기철 역(2016).『유대인 스케치』. 복있는사람.

요코미네 요시후미 지음. 이우희 역(2010).『아이를 천재로 키우는 4개의 스위치』. 토트.

EBS 놀이의 반란 제작팀(2016).『놀이의 반란』. 지식너머.

이일우(2017).『하브루타 Q&A』. 피스미디어.

전성수, 양동일(2014).『질문하는 공부법 하브루타』. 라이온북스.

진보교육연구소 비고츠키교육학실천연구모임(2016).『관계의 교육학, 비고츠키』. 살림터.

하시모토 다케시 지음. 장민주 역(2012).『슬로 리딩』. 조선북스.

헤츠키 아리엘리, 김진자(2015).『탈무드 하브루타 러닝』. 국제인재개발센터.

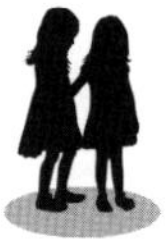